人物をつくる

真の経営者に求められるもの

北尾吉孝
Yoshitaka Kitao

PHP

はじめに

私どもソフトバンク・ファイナンスグループでは、「講話」と称し、全役職員を対象とした「自己研鑽の場」を設けております。そこでは、役職員がその人間を磨くことを目的として、私が、所謂「人間学」という範疇に入るような項目について話をしております。

なぜ、このような自己研鑽の場を設けたのか、まず、その理由をお話ししたいと思います。当グループは、平成十一年四月にソフトバンクからその管理本部が分離し、ソフトバンク・ファイナンスという総勢わずか五十五名の企業として誕生しました。現在では、グループ企業が百五十六社、役職員数は千三百七十五名にまで及んでおります。役職員は、ほとんどが、金融機関を出身母体とした途中入社です。

このように歴史の浅い企業であり、また、様々な企業文化を持った会社より転職した人々の集団である当グループの特殊性を考えたとき、グループの代表としての私の課題の一つは、いかにして独自の「強い企業文化」を創造するかということです。

私は、確固たる企業理念や価値観をもとに、帰属意識、忠誠心、同質性を高め、一つの強い企業文化を生み出していくことが、グループ各社を永続的に成長、発展させるうえで極めて重要なことだと考えています。

グループの役職員自身が、「当社はこういう会社だ」「これが当社のやり方だ」というように、自社と他社を明確に区別する。

また、グループ以外からも、「あそこはこういう会社だ」と明確に区別される。

そのような企業文化は、企業行動は言うに及ばず、その会社の役職員の行動や態度にまで明示されるものです。

従って、全役職員がその企業文化を誇りとし、その文化を継承していくことが、企業が成長し、発展していくための主要な要素になると考えております。

では、どのような企業文化を根づかせるべきかと考えたとき、次の結論に至りました。

第一に、当グループは、様々な金融サービスを提供しています。

従って、全役職員は、高い倫理的価値観を有していなければなりません。

第二に、当グループは、金融の領域で常により良いサービスやより魅力ある商品を提供する「イノベーター」（革新者）を目指しています。

従って、ある意味では、既成概念や既得権を有するエスタブリッシュメントとも闘うような勇気を持たなければなりません。

第三に、当グループは、それぞれの職場において生き甲斐や働き甲斐を持ち、互いに切磋琢磨し、二度とない人生を有意義なものとしなければなりません。

これら三つの課題を満たすには、高い「精神」と「思想」が必要であります。

その「精神」や「思想」を全役職員が身につけるべく、自己研鑽する集団にしよう。役職員の高い精神性をこそ、当グループを他社と差別化する要因にするとともに、役職員がそれに向かって先哲から学び、そのエッセンスを消化し、それを活学として、それぞれの仕事のなかで、また生活のなかで活かしていく。

そのなかで自然と醸成されたものを我々の文化としていこう、と考えたわけです。

このような考えのもと、当グループの「人間学」の講話が始まりました。

本書では、私の三度の講話「惜命」「仕事観」「指導者」を第一部、また私が毎月、その時々の時事を論評したり、業務における留意点などを話した訓話を第二部としております。

第一部は言うまでもなく、第二部においても私が学んできた様々な先哲の教えを度々紹介しています。

もとより浅学非才の身故、私自身の独創として誇るものは何もありません。

ただ、私が長年の読書により先哲から学んだもの、私自身の体験や経験を紹介することで、「二度とない人生をいかに生きるべきか」という人生の根本問題を深く考えるきっかけにしていただくことを願い、語ったものです。

『易経』のなかに「開物成務」という言葉があります。

「国家の経世は人物を育てることにあり、その人物をして物事を立派に成し遂げることに意義がある」という意味ですが、明治維新の文明改革時によく引用されました。

おそらく、全て物事が改められる時には、いままで閉じ塞がっていたものを開くことが必要であることから、この言葉が引用されたのであろうと思います。

一方、国家の経世のみならず、企業の経世においても「人物が育つ」ということが最重要であります。単なる業務知識や専門知識が身につくという次元ではなく、人物が育つような教育や研修が企業にも求められています。

従って、当グループの講話では、私が先哲から学んだ人間学を、私自身の体験や経験を含めて分かりやすく紹介し、自己啓発を促すことで人物の育成を図っております。

では、なぜ、このような趣旨で始めた講話をもとに、本書を上梓することにしたのか。

現在の日本における伝統的精神の荒廃に思いを致すとき、もう一度我々日本人が、その素晴らしい伝統的精神を取り戻し、それを継承していくために、少しでも貢献すべきではないかと考えるに至ったわけです。

日本は古来、「神道」「仏教」「儒学」という三つの源流から国民の精神を形成してきました。つまり、神道とその後伝来した仏教や儒学が融合しながら、その精神を発展させてきたわけであります。

ところが、第二次世界大戦の敗戦により、神道は邪教のように扱われ、儒学は封建的な思想として否定されました。

明治以降の文明開花の嵐が吹き荒れるなかでも、「和魂洋才」をスローガンに守り抜いてきた日本人の精神は、敗戦後占領軍により徹底的に排斥されたのです。

日本人がその長い歴史のなかで育んできた精神が荒廃し、次の世代に継承できないとすれば、それは悲劇というべきことではないでしょうか。

明治維新や戦後のめざましい復興や経済成長を考えるとき、日本の伝統的な精神がいかに大きな役割を果たしたかは明らかであります。

そして、その伝統的精神を十分に継承されていない戦後教育で育った人間が、はたして先人たちが成し遂げた偉業に並ぶようなことを成し遂げられるのでしょうか。

これから急激に進む高齢化社会を考えると、安穏としてはいられません。

志ある者が、たとえ微力でも力を尽くすべきだと思い、本書を上梓した次第であります。

こうした私の志を汲んでいただき、私の拙い本の出版の労をとっていただいたＰＨＰ研究所に深い感謝の意を表したいと思います。

二〇〇三年四月

北尾吉孝

人物をつくる

目次

仕事観　艱難辛苦に感謝する心

指導者　求められる人間的魅力

第二部　訓話篇

装丁◎赤谷直宣
本文デザイン◎㈲プロスト

第一部

講話篇

惜命　生命への深い愛惜の念

生の意識、死の意識

今日のテーマは「惜命」、これは「命を惜しむ」ということです。

別な言い方をすれば、生命に対する「愛惜」の念。

「命を惜しむ」というテーマで話をすると言いますと、日本古来の武士道を信奉される方は、「いったいなんだ、これは。けしからん」と思われるかもしれません。

先日から大河ドラマで「宮本武蔵」が始まり、また武士道ブームが興ってくるのではないかと思われますので、なおさらそのような方が増えるかもしれません。

しかし、僕は、単に命を惜しむというような意味で、この言葉を使っているわけではありません。もしも人類、社会のために、その命を投げ出さなければならないということがあれば、当然、僕も喜んで命を投げ出す覚悟はあります。

武士道という言葉に関して併せて話をしますと、三島由紀夫さんという小説家、あの市ヶ谷の自衛隊の駐屯地で割腹自殺をした人物ですが、彼の座右の書が、『葉隠』だと言われています。

『葉隠』とは山本常朝の作品ですが、その冒頭は、「武士道といふは死ぬ事と見付けたり」という一節です。

それが非常に有名になっているわけです。

実際、三島由紀夫さんは、『葉隠入門』という本を書かれています。

そして、そのなかで、「人間には死に対する衝動がある。その死に対する衝動が一〇〇パーセントに達したときが、あの第二次世界大戦の戦争中だ。いま、段々それが消え失せて、生の衝動とか、あるいは自由の衝動だとか、そういうものが主流になっている」と言っておられます。

これは随分と昔に読んだ本なのですけれども、僕はこの人の作品にはどうしても納得できないことが多いと思いました。そして、最も納得できないと思ったのは、『葉隠入門』のなかにあったこの言葉です。

もし皆がそのような死の衝動を持って、死を美化したり、正当化したりするようになれば、この世の中はどうなってしまうのか。

僕はそのような考え方や理論というものは基本的に受け入れられず、いままで一切そのような議論に与したことがありません。

もちろん、死の世界とは、誰も経験したことのない世界ですから、我々は漠然と「死とは恐ろしいものだ」「恐ろしいなかでも最も恐ろしいものだ」という観念を持っているに過ぎないわけです。

経験できないことですから、それを客観化することはできません。皆、先入観で死は恐ろしいものだと思っているわけです。

一方、考え方を少し変えれば、死というものは、天国や極楽浄土に行くための切符なのかもしれません。

あるいは、死によって現世のあらゆる「四苦八苦」、これは仏教の言葉ですけれども、この四苦八苦から抜け出せるのかもしれません。

また、「死こそ最も自由をもたらすものだ」という考え方もあります。

西洋の哲学者には、「死は善なるなかでも最高のものだ」という言葉を残した人もいます。

しかし、僕は、基本的にこのような議論はあまり受け入れられないと、いまは思っています。

そして、このような僕の考え方は、孔子やお釈迦様の言葉、教えのなかにもあります。

例えば、『論語』では、孔子に、その年長の弟子の子路が「いったい死というのは何ですか」と問います。

そうすると、孔子は「未だ生を知らず、いずくんぞ死を知らん」と答えています。死や死後の世界というものは、誰も知り得ないことであり、そのようなことを論じても仕方がないと孔子も言っておられるのです。

お釈迦様も、非常に哲学好きのマールンクヤという弟子に、「霊魂というのは、死後どうなるのですか。不滅なのですか」と聞かれ、「苦悩からの解脱こそが最大の重要課題であるにもかかわらず、そのような空論、戯論をしていても仕方がない」と諭したという話があります。死の話というものは、論じてもあまり意味がないのではないかということです。

しかし、では、死ということを全く忘れても良いかといえば、そうではないと思います。死を意識するからこそ、我々はある意味で生を意識します。

従って、死というものは、そのような意識の持ち方において大切なものです。

寿命を見つめるということ

僕もこの一月で五十二歳になりました。五十二歳になっていよいよ僕の人生の旬もあと十年くらいだろうかと、しみじみと考えました。

立志、自分で志を立てる。

これが三十歳だとするならば、人生の賞味期限はそこから三十年程度ではないでしょうか。そう考えると、僕の人生の賞味期限は、六十歳までの残り十年足らずということになります。

しかし、僕と同じような年輩、あるいは二つ、三つ年上の方々も含めて、親しい人と色々な話をするなかで、その人たちは僕ほどには強く、自分の生命に対する愛惜の念を持っていないのではないかと思いました。

もちろん、その方々は皆お元気で、第一線で仕事をされているわけですから、健康には非常に自信があり、身体のことをそれほど心配する必要がありません。

そして、平均寿命はどんどん延びているわけですから、平均寿命と比べれば、五十歳前半は若輩の部類だということなのでしょう。

しかし、僕自身は、これから申し上げるいくつかの個人的な理由で、かなり強い惜命の念を持っているのです。

では、なぜ僕はこのような強い惜命の念を持っているのか。

一つは、これは甚だ遺伝的な理由ですが、僕の父系には、あまり長命な人がいないのです。つまり、父は八十歳まで生きたのですけれども、父の両親、僕から見れば父側の祖父母は、父の青年期と幼年期に亡くなっています。特に、父の母親は、父の弟が生まれてすぐに亡くなりましたので、父はほとんど母親の愛情を受けないで育ちました。それが、子供に強い愛情を持ち、非常に子煩悩だった理由ではないかと思います。

また、父の兄弟は、父を除いてあとの八人は皆、早世なのです。

皆さん、健康診断のときに、家族の健康状態がどうなっているかを質問されたと思います。人間の生命というものは、遺伝によってその長さを左右されるケースが非常に多いのです。

ガンにはガンになりやすい体質、循環器系の病気には循環器系の病気になりやすい体質が、やはり遺伝されているのです。

ですから、僕は、漠然と自分の寿命があまり長くないのではないかと思っていました。

そして、寿命を短くするような因子が遺伝的にあると思っていることが、自分の命を大切にしなければならないと思う理由の一つなのです。

無常観のなかでの生き方

二つ目の理由は、野村證券の事業法人部にかなり長く在籍していたことに関わっています。事業法人部では、自分の担当会社の役員や幹部職員が亡くなったときには、必ずお葬式やお通夜に出席します。もちろん、ご本人だけではなく、その方々のご家族も含めてです。

あるときには、一週間に五日もお葬式に行くというようなことがありました。

小さな子供さんがおられることもあれば、あるいは、ご本人ではなく奥さんが先に逝かれたということもあります。

葬儀に出席しますと、友人代表や葬儀委員長など、色々な方々の弔辞を聞く機会があります。また、多くの場合には、喪主が最後にご挨拶ということでお話をされます。

僕はそのようなお話を聞くに従って、世の無常を強く感じ始めました。

世の無常と言うと、皆さんがすぐに思い出すのは、例えば『平家物語』、あるいは、鴨長明の『方丈記』の「行く川の流れは絶えずして」という一節かもしれません。

あの時代は、本当に戦争、あるいは疫病や天災で、人々が次々と亡くなっていく時代だったのだろうと思います。

ですから、「祇園精舎の鐘の声、諸行無常の響きあり。沙羅双樹の花の色、盛者必衰の理《ことわり》をあらはす」というような無常観を極めて文学的に書いた作品が生まれてきたのでしょう。

そして、あの時代には、そのような無常観を誰もが皆、共有していたのだろうと思います。

僕が一週間に五日お葬式に行くというような感覚と同じです。

昨日はあの人が、今日はあの人がと、次々と亡くなっていった。

そのような無常観が一般的でしたから、滅びゆく人の悲しみ、移ろいゆくものの哀れというものを謳った詩や文学が非常に発達し、発展したのだと思います。

ただ、その無常観を無常として表面的に「ああ、無常だな。ものの哀れだな。人間というのは儚《はかな》いな」と感じるだけでは不十分ではないかと思ったのです。

無常を感じるとともに、では、自分は、この無常の世の中でどのように生きるのか、どのように生きていくべきなのかを考える。

つまり、これからの自分の人生をどのように生きるかということが人生の極めて大事な課題であると、無常を感じるとともに思いました。

また、他人の死というものを色々なお葬式で知りながら、自分の死についても考えました。例えば、「自分が死んだあと、家内はどうなるのかな。ちゃんと生きていけるかな」、会社を経営してからは「会社はどうなっていくのかな。ちゃんとやっていけるかな」。あるいは「自分が不治の病になったら、どう死に処したら良いのかな」と、亡くなっていく方々の姿を見ながら、死というものを自分に引き写して考えてみる。

そのような機会にもなったわけです。

生き続けることへの思い

三つ目の理由とは何か。僕は、父の死に姿を見て様々な教訓を得ました。

その一つが生命への愛惜です。

父は、七十八歳のときに胸部大動脈瘤という病気が発見されました。その瘤はかなり大きく、瘤のある部位が手術をするには難しい場所でした。さらに、頸動脈も少し詰まり気味になっており、たとえ動脈瘤の手術が成功したとしても、植物人間になる可能性がありました。

このような理由で、その手術を諦めました。

そして、先生からは、「これは時限爆弾を抱えているようなもので、いつ破裂するか分かりません。ひょっとしたら、いまこの話をしている瞬間に死ぬかもしれません」という、死の宣告を受けました。

それから三年間くらい、父は生きたのですけれども、七十八歳で死の宣告をされたときに、父は「せめて八十歳までは生きたいな」と言っていたのです。

幸いにして八十歳になったときに、今度はどのように言ったかというと、「もうあと三年生きられたならば、息子たちの行く末がもう少しはっきりするところまで見てやることができるのだけれどな」と言っていました。

息子たちというのは僕と兄のことです。

僕は、浮世絵師の葛飾北斎が、「あと十年、いやあと五年、もし命を永らえたなら、何とか生き永らえたなら、本物の画工になることができるのに」と死ぬときまで言い続け、数えの九十歳で亡くなったという話を思い出しながら、父の言葉を聞いていました。

これも、僕の愛惜の念、生命に対する愛惜の念が強い理由の一つです。

体験を通じて身になるもの

最後の理由ですが、父が死の宣告を受けたとき、僕は宗教書や哲学書など、死について書かれた本を随分と読みました。父の参考になるようなことを僕として何か教えてあげることができないかと思ったのです。

そのなかで、僕が一番感銘を受けたのは、難解でしたけれども、道元の『正法眼蔵』でした。『正法眼蔵随聞記』という本もありますが、そちらのほうが分かりやすく、夥しい数の解説書もあります。

そして、色々な本を読んでいくなかで、僕自身は父親の死に姿と相まって、ただ読書をして得られたものではなく、僕自身の身についたものとして、生命への愛惜の念が生まれてきたのです。

読書をすると、もちろんそのときに非常に感銘を受けたり、感動を受けたりすることがたくさんあります。しかし、はたしてそれがどの程度身についたか、自分のものになったかと言えば、意外となっていないものが多いように思います。

僕は学生時代に、読んだ本を大学ノートにメモしておいたのですけれども、そのなかで本当に自分の身になっていることは、意外に少ないものです。

やはり読んだことが、自分自身の体験や経験と結びつく。あるいは、読んだことと自分の行為が一致していく。そのようなことを通じて、身になっていくものです。

例えば、道元の本を読んで禅をする。禅という行為と一致していく。このような人は道元の書いたことがよく分かるようになると思います。

あるいは、剣道をする。そうすると、宮本武蔵の『五輪書』がよく分かるようになります。自分の身体で分かる。あるいは、自分の体験を通して、自分の体験と結びつけて、本に書いてあることを理解する。そうすると、自分のものにすることができます。

皆さんのなかにも、ご両親の死に姿をすでに見られた方がいらっしゃると思います。あるいは、これから経験されていく方もいらっしゃると思います。両親というものは、最後まで、子供たちに、家族に、色々なことを教えていくものです。そのような瞬間、瞬間を、大切にしていただきたいと思います。

というのは、それは最後の教えになるかもしれない、身をもっての教えなのです。僕は非常に残念に思うのですが、最近は病院で死を迎える方がほとんどです。長期間にわたって入院し、病院で亡くなられる方が多いのです。しかし、僕は、親の死というものは、このような形ではなく、自分の家で、色々なことを感じながら看取るということが、一番自然であり、理想ではないかと思います。いくら生命維持装置を付けてみても、延命できる日数は限られています。また、必ずしも死を迎える方が望んでいることではないと、僕は思います。

ですから、むしろ家で精一杯看護して、そして、自然に任せる。

天に任せる、「任天」。

あるいは、運に任せる、「任運」。

このような言葉がありますけれども、僕も父の傍にいることで、深く学んだのです。

時間を惜しみ、天命に向かう

いま申し上げたような理由で、僕は他の同世代よりも強い惜命の念を持っています。

では、その惜命の念を強く持った結果として、僕自身がどのように変わったかということに話を移したいと思います。

第一に、当然ですが、これまで以上に、健康に対して留意する気持ちが強くなりました。

最先端の知識を得る、インターネットで調べる、さらには医者に聞く、医者の友達をたくさんつくるなど、色々なことをして健康に留意しているわけです。

第二に、感謝するという気持ちが生まれてきました。

僕はこの世に五体満足に生まれ、そして、ある面では人並み以上に才能にも恵まれました。

そして、いま現在、生き甲斐や働き甲斐を持って生き続けられています。

そのようなことに非常に感謝するという気持ちが生まれてきたのです。


それまでは、これらは当たり前のことだと思い、あまり感謝するという気持ちにはなっていませんでした。先ほど申し上げた惜命の念が強くなってから、感謝するという気持ちが生まれてきたわけです。


兼好法師の『徒然草』に「人、死を憎まば、生を愛すべし。存命の喜び、日々に楽しまざらんや」という一節があります。

僕は、この言葉はつくづく良い言葉だと思って、何度も何度も声に出しています。


「人、死を憎まば、生《しょう》を愛すべし」。

「生」というのは、「生命」の「生」です。生きることを愛すべし。

「存命の喜び、日々に楽しまざらんや」。

我々が育っている現代は、平和で飽食という豊かな時代。

そのような時代には、生を愛し、存命を喜ぶという境地にはならないかもしれません。

一方、兼好法師の時代は、先ほど申し上げたように人々が次々と亡くなっていく時代。

ですから、そのような言葉が生まれたのかもしれません。

しかし、この言葉は、どれほど平和な時代でも、どれほど豊かな時代でも、深く反芻すべき言葉ではないかと僕は思うのです。

そして、その言葉が頭のなかにあれば、自分がこのようにして生きているということを非常にありがたいという気持ち、感謝するという気持ちが生まれてくると思います。


第三に、生きていることに、ありがたいと感謝する気持ちが生まれると、何とかして親や社会に少しでも恩返しをしたいという気持ちが生まれてきました。

僕が慈善事業をしよう、児童社会福祉法人をつくろうという強い気持ちを持つに至ったのは、まさにこのような理由からです。このようにして、僕は、自分の感謝の念を何らかの形で社会に表明していこうと思ったわけです。


仏教の世界では「出家しよう」「仏道に入ろう」と発心したら、今度は決心をします。

決心をする人は少なくありません。しかし、決心をしてもそれが続かない人が多いのです。

この決心をして続ける心、これを「相続心」と言います。


「発心」「決心」「相続心」。

これをよく頭に入れていただきたいと思います。


第四に、時間を惜しむという気持ちが非常に強くなってきました。

言うまでもなく、一瞬一瞬の積み重ねが一日になり、その積み重ねが一ヶ月になり、一年になり、そして、一年一年の積み重ねが、やがては人生、一生となります。

従って、この一瞬一瞬をどのように生きるのか、この一日一日をどのように生きているのかということが、その人の一生を決めていきます。

ですから、時間が大事なのです。


時間を惜しむという意味では、「惜陰」という言葉があります。

人はそれぞれの人生の目標、天命を真剣に生きていかなければなりません。

それを生き抜くしかないのです。

つまらないことに時間を費やしている暇はありません。

時間を無駄に使うということは、それだけ自分の人生を無駄にするということです。

例えば、学生時代、せっかく自分の志望する大学に入ることができた。にもかかわらず、朝から晩まで麻雀をして、ほとんど授業には出席しなかったという方が、なかにはいらっしゃるのではないでしょうか。

また、毎週、土日はゴルフに行くために朝五時に出て、夕方五時頃に帰ってくるという方もいらっしゃるかもしれません。これも、たまには良いと思いますし、健康に良い部分もあるのでしょうけれども、あまり意味がないのではないかと僕は正直思います。

もっと自分の時間を大切にしなければならない。

いったい自分は、いま何をするべきか。

それについて、はっきりとした目標を持たなければならないのです。

道元は、まさに彼の宗教的な信念故に、「時間を仏道以外に使ってはならない」と言っておられます。非常に厳しいです。

「肉親の恩愛の情、それも捨てろ、捨て去りなさい」とまで言っているのです。お釈迦様は、その部分については、「親が死に向かっているときは、どんなことをさしおいても介護して、そばにいてあげなさい」と言っておられます。

ところが、道元はまさに仏道に生き抜いた。非常に厳しく自分を律して、その世界に浸りきったということです。

また、佐藤一斎の代表作に『言志四録』という本があります。これも非常に良い本ですので、ぜひ読まれたら良いと思います。

そのなかに、「人、少壮の時に方りては、惜陰を知らず。知ると雖《いえど》もはなはだ惜しむには至らず。四十を過ぎて已後《いご》、始めて惜陰を知る」という言葉があります。

若いときは時間を惜しむということを知りません。知っていたとしても、行ってはいません。

「四十を過ぎて已後、始めて惜陰を知る」。

佐藤一斎の時代だから四十歳なのでしょう。現代ならば、さしずめ六十歳くらいでしょうか。六十歳になってから「時間が勿体ないな。あと何年生きられるのかな」と言っても、もう取り返しがつきません。

しかし、皆さんの年齢ならば、時間を惜しんでこれから人生の目的、天命を見出し、それに向かって一生懸命に生き抜くことができるはずです。

寸暇を惜しんでそれに向かうということは、非常に大事なことなのです。多くの人にとっては、それが仕事になるのかもしれません。それはそれで、大いに結構です。

そのような意味で、何事でも、一芸に秀でた人、一道に秀でた人には、素晴らしい人が多いと思います。道元しかり、宮本武蔵しかりです。

まさに、生きるか死ぬか。ほんの少し間違えたら死ぬという世界。それを六十余度も闘って、勝ち抜いてきた宮本武蔵の精神力、鍛え方は、尋常ではありません。

その道を究めた人は、皆、ある意味でそのような境地に辿り着いていると思います。

第五に、僕は、人間というものは、死んでからのことも生きているうちに考えなければならないと思うようになりました。

すなわち、死後にも何か世のため、人のためになるようなことを、生きているうちに準備しておかなければならないと思うようになったのです。

これは、死んでからも本当の意味でのご奉公をしなさいということです。

例えば、松下幸之助さんは、偉大なる事業を残し、後世の社会、後世の人々に、多くの就業の機会を与えました。つまり、後世にご奉公していったわけです。

あるいは、文筆家や著述家は色々な本を残し、その人の智恵や経験を、後世の人々と時間を超えて共有しています。これも、死後、ご奉公しているわけです。

また、キリストやお釈迦様、道元などの宗教家は、いまだもって多くの人々に救いを与えています。これは大変なことだと思います。

あるいは、教育者でもそうです。僕が非常に尊敬している教育者に、教育者だけではなく哲学者でもありますが、森信三さんがいます。この方も、本当に色々な著作を通じて、また実際に師範学校の先生として生徒たちに教えるなかで、後世に色々なことを残されました。

これほどのことではなくても、母親が立派な息子を育て、その息子が社会に貢献する息子であったならば、これは確かに後世にご奉公したと言えます。

いずれの意味においても、それは生きている間に準備しなければできないことです。生きている間に相当な覚悟を持たなければ、死後のご奉公はおぼつかないのです。子供を育てるということも、立派な人間を育てるわけですから、大変なエネルギーと覚悟がいることだと思います。

従って、このような死後のご奉公をするためには、命を惜しみ、時間を惜しみ、それから、自分の天命に向かってまっすぐに進んでいく。

その覚悟がなければならないのでしょう。

「任天」「任運」という境地

次に、惜命ということを少し離れて、僕の父親が死の宣告を受けてから亡くなるまでの言動を見ながら僕が感じたこと、考えたことについて話をしたいと思います。

一つ目は何かと言いますと、父の病気というのは、瘤が破裂するまでは健康人です。何でも食べられますし、どこにも痛みはありません。ただ、破裂したら即死するということでした。

もしこれがガンなどで亡くなるということならば、一般的には大変な苦痛を伴ったり、心身の衰弱がつきまといます。ですから、亡くなるまでの経緯は、かなり違います。しかし、死に向かって自分自身が覚悟していく、自分自身が変わっていくという意味では、ガンで亡くなる場合と同じなのです。

父が亡くなるまでの言動を末期ガンの人の場合と比べたことがあります。そのときに参考にしたのが、昔読んだアメリカの精神科医のレポートです。

それは、「末期ガンです」と言って、患者さんに告知すると、その方がどのような心理状況になっていくか、その経過を時間とともに説明していくという内容でした。

最初に告知されると、その患者さんは、当然ながら、精神的なショックを受けます。

そして、次に、「医者の言っていることは間違いだ」「あの医者は駄目だ、他の医者に行ってみよう」ということになります。

他の医者に行こうが何をしようが結果が同じだと分かると、今度は、「何で自分は悪いことをしていないのにこんな病気になるのだ」と、言うに言われぬ、誰にぶつけたら良いか分からないような怒りが出てきます。

そして、その誰にぶつけたら良いか分からないような怒りを、身内や家族にぶつけたり、看護や治療をしてくれている医療スタッフにぶつけたりします。

それから不眠症などにもなっていくわけですけれども、その次は、「奇跡でも起こらないか」「新しいガンの特効薬ができないか」「神のご加護で何とか助けてもらえないか」と、いままで無神論者だった人が、神仏にお祈りをします。

「お願いします。何とか助けてください。もう少し長生きさせてください」とお願いします。

そして、お願いしてもご利益がなさそうだと思い始めると、次は、自分の死後のことや、残していく自分の家族のことを色々と考え始めます。

その後、うつ症状が出てくると言うのです。

そして、最後の段階は、二つあると言います。

一つは、運命と諦める人です。運命と諦めるという境地になると、ある意味で落ち着きます。そうすると、うつ症状から解放されるのです。

その一方で、最後まで生に執着して、何とかならないか、何とかならないかと、生への渇望を露骨に表す人もいます。

父はどうだったかと言いますと、その死の宣告を受けたとき、最初は、確かにショックを受けていたと思います。

そのようなものはおくびにも出すような父ではありませんでしたが、当然、死に対する不安はあったと思います。

しかし、比較的早い時期に、父は「任天」「任運」という心境になったようです。


ただ、父は、毎日、自宅を出る前には必ず五分ほどご先祖様に拝んでいたのですけれども、それが、その宣告を受けたときからは、三十分も拝むようになり、ご先祖様だけではなくお天道様にも拝む、森羅万象にも拝むというような状況になっていきました。

祈ることによって、ある種の精神的な安らぎを受けていたのだと思います。

僕は、このような経験から、この信仰心を持つということは、にわか信仰でも良いのではないかと思っているのです。

にわか信仰心でも、亡くなるまでずっと続けていく人はそれで良いのではないか。

そのようにして精神的な安らぎを得られるのならば良いのではないかと、父の姿を見て思いました。

二つ目は、父と一緒にいたり、一緒にどこかに出かけたりしたときなどに、父が色々な人に感謝の念、「ありがとう」という言葉をよく使うようになったのです。

例えば、タクシーを降りるときに、「ありがとう。気をつけて」と運転手にお礼を言う。

これは、それ以前には、あまりなかったことではないかと思います。

なぜ、父がそのようなことを非常によく言うようになったのか。

おそらく父は、運転手だけに感謝しているわけではなく、自分が生まれて、八十歳くらいまでを健康で幸せに生きてこられたことに感謝していたのだろうと思います。

色々な人々にお礼を言うことによって、それまでの境遇に感謝していたのだろうと僕は感じています。

人間は、生きていくうえで、色々な人たちのお世話になっています。

例えば、今日、皆さんが、このように僕の話を聞きに集まってくれています。これに対して、僕が「ありがとう」と言う。直接、皆さんに会って、「ありがとう」と言う。

これを仏教では、「顕加《けんが》」と言います。

この他に、「冥加《みょうが》」もあります。

「冥加に尽きます」という言葉をご存知かもしれません。

冥加とは、このようにして直接会って話す人たちだけではなく、目に見えない形で、色々な人たちのお世話になっていることに対する感謝です。

ですから、顕加、冥加に対して、色々なお陰に対して、父は「ありがとう」という気持ちを持っていたのではないかと思うわけです。

三つ目は、いつ死ぬか分からないという状況で、父の心、あるいは感性と言っても良いのかもしれませんけれども、それが研ぎ澄まされていったように思います。

いつ死ぬか分からない。そのような状況のなかで、人間の心、感性は、研ぎ澄まされていくのだろうと思います。

お釈迦様も、ご自分の死が近づいたときに、「この世は美しい。人の心は甘美なものだ」と言われました。

それは、自然の美しさや、それまではあまり感じなかった人の心の温かさ、ぬくもりというものを、死が迫ってくると強く感じるようになるということではないかと思います。

最後になりますが、死ぬときは、僕は動物のように死んでいきたいと思います。

なぜそう思うのかと言うと、例えば、僕は犬を飼っていますけれども、犬というのは、別に死ぬということを何も意識しません。年を取っていくことを意識しません。

他の動物でも同じだと思います。

しかし、人間は、万物の霊長であり、色々な意識が働き、色々な認識をできるが故に、ある意味で、苦しみが多いのです。

生老病死という四苦もそうですし、あるいは愛別離苦、愛する人と別れる苦しみ。また、求不得苦、求めるものが得られない苦しみや、さらには怨憎会苦、憎い人とも一緒にいなければならないという苦しみもあります。

この四苦八苦の世界というものは、人間であるからこそ経験しなければならないものです。動物には、何も経験することがありません。あるがまま、全てを天に任せ、生きるときには生き、死ぬときには死んでいくのです。

僕は、この死に方が、理想の死に方ではないかと思っています。

輪廻の世界では、「そんなことをしていたら、次は人間ではなくて犬に生まれてくる」と言われることもありましたが、実は、死の苦しみや死の意識、あるいは老の苦しみがない、という意味では、犬は人間よりも幸せかもしれません。

いずれにせよ、死ぬときには犬や猫のような動物の死に方になぞって死んでいきたいと、僕は思っています。

生命への深い愛惜の念

生死のことは、これは天に任すしかありません。

ただ、いまを生きる、いまを生き切る。

これが死の恐怖や死の全てを超える唯一の方法だと思います。

道元の『正法眼蔵』の「生死」の巻に、「生来たらば、ただこれ生、滅来たらばこれ滅にむかいて仕うべし。厭うことなかれ、願うことなかれ」という言葉があります。

死滅のときがきたら、それは絶対的なものとして受け入れなさい。

「仕う」というのは受容するという意味です。

自分を空しくして、それを受け入れる。

それが、一つの立派な死に方、理想的な死に方なのだろうと思います。

最後に、松尾芭蕉の句を紹介します。

松尾芭蕉の辞世の句と言うと、「旅に病んで　夢は枯野を　かけめぐる」という有名な一句があります。

しかし、これは辞世の句として創られたものではなく、彼は、創っている句全部が辞世の句だと思ってきたと言います。

「昨日の発句は今日の辞世、今日の発句は明日の辞世。

我、生涯に言い棄てし句々、一句として辞世にならざるはなし。」

ものすごい気迫です。

ここまでの気迫を持つことは、僕には難しいと思います。

しかし、いままで話をしてきたように、人間というのは無常ということを常に思いながら、いまを大切に精一杯生きていくことが必要なのです。

自分の力を余すことなく出し尽くす。
それが精一杯生きる、生き切るということの意味だと僕は思います。
これこそが、生の道の徹底である。
そして、生の道の徹底こそが、死を乗り越えられる唯一の方法である。
このように僕は結論しているわけです。

ですから、自分なりに生の道を徹底すべく、自分の天命を掲げ、その天命を生き切る。
そして、その天命を通じて、色々な形で後世にまでご奉公していきたい。
これが、僕の生き方だと思っています。

皆さんにとっても、できるだけ早く、ここで申し上げたような生命への深い愛惜の念を持つことができるかどうか。惜命の念を持つことができるかどうか。
それが非常に大事なのではないかと思います。

以上で、今日の僕の話は終わります。
ご清聴、ありがとうございました。

仕事観　艱難辛苦に感謝する心

職場で感じる「生き甲斐」

今日は、僕の仕事観について話をしたいと思います。

考えてみると、一日二十四時間のうち、八時間以上は職場で仕事をしています。

特に、僕の場合には、野村證券に入社してから、土曜、日曜、祭日なしに仕事をしてきましたから、もしも仕事の場に生き甲斐を感じなければ、いったい僕の人生は何だったのかという話になってしまいます。

僕が職業について、自分の生き甲斐をどのようにして見出すかを考えたのは学生時代です。

学生時代には様々な本を読みましたが、特に高校時代には、自分の心に残ることを書き留めた大学ノートがたくさんあります。

今回、この仕事観という話をするにあたり、そのノートを読み返しました。

僕はどのような本を読んで、どのような哲学で生き甲斐を自分のものにしたのか。

あるいは、どのような人の話が印象に残ったのか。

そのようなことをもう一度振り返ろうと思ったのです。

いまもそうなのですけれども、僕の学生時代には、中村天風さんの生き甲斐論が、僕の心に一番ピンときました。

中村天風さんは、このように言っておられます。

「人間出生の本来の使命は、宇宙原則に順応して、この世の中の進化と向上とを現実化することにある。この使命の遂行こそ、働くという行為であり、人間本来の面目というものである。このような使命の遂行感に基づく自己実現の実感が、生き甲斐ということになる」。

これを小生流に解釈しますと、「人間にとって職業というのは生活の糧を得る手段であるとともに、人生の意味を実現するところにある」ということです。

生き甲斐論については、色々な本があり、色々な意見がありますけれども、僕には、この天風哲学の生き甲斐に対する考え方が一番納得できました。

では、この自己実現の実感、すなわち生き甲斐とは、どのようにして得られるのか。

僕の非常に尊敬している松下幸之助さんが、このように言っておられます。

「人には各々異なった生命力が与えられている。この生命力は私たちの生命の根底となっている力である。その内容は、生きようとする力と、いかに生きるかという使命を示す力という二つから成り立っている。この生命力が宇宙根源の力によって全ての人に与えられている」。

前者の「生きようとする力」とは、言い換えれば、生への本能だと思います。この力というものは、万人に共通です。生物として生まれたものは全て、この生きようとする本能を持って生まれてきているわけです。

一方、後者のいかに生きるかという「使命を示す力」は、人によって異なります。ですから、この力によって、万人は皆、万様になっていくわけです。

皆、違った生き方をして、そして、皆、異なった仕事をするように使命が与えられている。この生命力とは、その宇宙根源の力によって人間に与えられた、いわば天与のものであって、これは「天分」と呼んで差し支えないものだと松下さんは言っておられます。

ここで紹介した中村天風さん、松下幸之助さん、あるいは後で紹介する安岡正篤さんは、皆、創造主たる宇宙の根源、あるいは天というものの存在を認めて、そのなかで自分の哲学をつくりあげているわけです。

そして、自分に与えられたこの天分を完全に生かし切るということが、真の意味での成功であり、世俗的な名声を得たり、財産を得るということは、何も成功には値しないと言います。天分を全うすること、天分を完全に生かすこと。

これがまさに成功であり、人間はこの天分に生きることによって、初めて真の幸福が得られると言うのです。これが松下哲学の考え方です。

皆さん、あの「経営の神様」とまで称される松下幸之助さんが、このようなことを非常に深く考えていたことに驚きませんか。

僕は、学生時代、松下さんの書物を読むたび、その深さに非常に感銘を受けました。従って、僕の経営に対する考え方、ものの処し方には、この松下哲学というものが脈々と流れていると思います。

「天啓」が与えられるとき

では、どうすれば自分の天分を発見することができるのか。

松下幸之助さんは、次の二つが大切だと言っておられます。

一つ目に、天分を発見しようという熱意、意思。それを強く持つことが非常に大事です。

二つ目に、素直な気持ち。この素直な気持ちがなければ、多くの場合には自分を買いかぶったり、あるいは人から何かを勧められてもそれを曲解します。素直な気持ちがなければ、天分を発見することができなくなります。


松下さんの言われる「天分」とは「天職」、つまり天から与えられた、天から授けられたその人の天性に合った職と言い換えても良いと思います。

しかし、熱意と意思、素直な気持ちがありさえすれば、天職というものは天から教えられるものでしょうか。

皆さん、「あなたの天職はこれです」と教えてもらったことはあるでしょうか。

天というものは、なかなか人間に分かるような形では、それを教えてくれないものです。

そしてまた、往々にして人間の常識とは全く正反対の方法で教えてくれることがあります。

まさに、天が啓示をする、天啓を与えるということになるわけです。


例えば、野口英世さんは、子供のときに火傷が原因で手がつながってしまいました。

その手術をして、五本の指が離れたということに、彼は感謝の気持ちと衝撃を受けます。そして、自らも生涯の職として医者になるべきだ、ならなければならないと思うようになり、見事に医者になり、後世に残る大変な活躍をしました。

これを天啓とするならば、ある意味で非情な教え方です。けれども、このようにして、天はそれぞれの人に何らかの形で天啓を与えます。しかし、やはりこのときに、自分自身にも用意がなければ、天啓だと分かりません。天が与えるものを受けようと、「待っています。与えてください」と思い続ける熱意と意思を持ち、それを素直な気持ちで受け取ることが大切ではないかと思います。

そして、僕は、もし天の啓示を受けたならば、それが好きか嫌いか、気に入るか気に入らないかという観点で判断するよりも、まず受け入れて、認めて、そして打ち込んでみることが大切ではないかと思います。

天啓が与えられていても、心ここにあらずということであれば、見れども見えずということになります。そして、自分の心がその気にならなければ、興味や関心も湧いてくるはずがなく、当然その魅力を感じることもないわけです。

無我無心の「三昧」の境地

では、僕自身がどのような形で天啓を与えられたかを振り返ってみたいと思います。これは結果論ですから、そのときに天啓を与えられたと言えるのかどうかは分かりません。しかし、振り返ってみると、何か節々で、天がそのように生きなさいと、僕の進路に対して啓示を与えてくれていたような気がします。

僕は高校時代までは医学部に行きたいと思っており、浪人までして慶應大学の医学部を目指していました。しかし、東京大学の安田講堂事件のときですから、医学部は例年よりもさらに試験が難しく、僕は残念ながら不合格でした。そして、滑り止めにしていた経済学部へと進学したのです。

僕が志していたのは開業医や臨床医ではありません。モリキュラージェネティクスという分子生物学の分野に非常に興味がありましたので、当時、慶應大学の医学部で教鞭をとられていた渡辺格教授の門下生になりたいと考えていました。

それが、周りの環境や自分の実力のなさの故に方針が変わったのです。

そして、文化系の経済学で学ぶうちに、経済学もなかなか面白いものだと思い始めました。結局、人間弱いもので、そこから勉強して医学部に変わる気もなくなってしまったわけです。

天は、ある意味で僕に医者になるよりも、経営者の道を啓示したのかもしれません。


また、就職のことを考えますと、最初は三菱銀行で働きたいと思っていましたが、ふとしたことから、野村證券に入社しました。野村證券は、当時、三菱銀行と比べると、まだ社会的評価に大きな差があったわけですけれども、人生意気に感ずと言いますか、人事の担当者や会社の熱意に動かされ、入社したわけです。

実は、僕の父親は野村證券を勧めていました。なぜかと理由を聞くと、「野村證券は戦後最も成長した金融機関であり、これから五十年間で最も伸びる会社だろう」と言っていました。

確かに父の言っていたことは、ある意味で当たっていたと思います。実際に、そのような勢いで野村證券という会社は成長しました。


しかし、その野村證券もやがて不祥事になり、僕が敬愛してやまなかった田淵義久元社長は、経営の第一線から退かざるを得なくなりました。

そのときに、ソフトバンクの孫社長から「当社に来ませんか。もし北尾さんが来てくれたら、当社は飛躍ができるのです」と言われたのです。

それまでの僕は、野村證券の事業法人部で資金調達を学び、その後ワッサースタインペレラでM&Aを学び、それから海外業務を経て語学や海外文化を理解し、そのスピリットを学んできました。

そのような僕の経歴を見た孫社長は、「まさに野村證券で、当社のために修行をしてくれたようなものだ」と思ったというのです。

このようにしてソフトバンクに入社してからは、ソフトバンクを世界に冠たる企業にしようと思い、僕なりに力を尽くしてきたつもりです。

そして、あるとき、自らがやりたいことは何だったかと考え直したときに、やはり金融の世界で生きたい、それも、ピュアな金融の世界で生きたいと思いました。

ソフトバンクで学んだインターネット、社会を変革していく力を持ったこのインターネットを活用して、いまの金融秩序を変えたい。消費者により便益を与え、投資家により多くの便益を与えるものへと変えたい。

このような思いで、このソフトバンク・ファイナンスグループを設立しました。

この節々で、僕は、単に「嫌だから」という理由で会社を辞めたことは一度もありません。「こうしなさい」ということを天が僕に啓示をしていたと思うのです。

皆さん、ここに集まられた多くの方々が、転職して当グループに入社されています。その転職をするときに、やはり何らかの天の啓示があったのではないでしょうか。振り返ると、僕が総括したようなものを節々で感じることがあったのではないでしょうか。それがまさに天の存在であり、天の啓示であると僕は思います。

「新しい世界」に飛び出す

さて、自分が天職についているかどうかということは、自分がその仕事にどれだけ打ち込んでいるか。寝食を忘れてまさに打ち込んで、無我になり、無心になって活動しているかということで分かると思います。まさに、仏教で言う「三昧の境地」ということです。

しかし、自分で色々と考えてみたが、生き甲斐というものを全く感じない。

どれほど自分の心がけをよくして、努力をしてみても、いまの仕事は自分には打ち込めない、生き甲斐を全く感じられないということがあります。

そのようなときは、その仕事が天職ではない可能性があります。

そして、その場合には、三つの方法があるのではないかと僕は思います。

一つ目は、思い切ってその仕事を放棄して、そこから去る。

そして、本当に自分の打ち込める仕事を探すということです。

ただし、これはなかなか勇気のいることです。家族がいるなかで、この就職難の、大不況のデフレの時代に、「はい、会社を辞めて、自分の天職を探し求めます」と言い切れる人がどれほどいるでしょうか。

一方、「あの会社なら雇ってくれるから、転職しよう」というように、ただ簡単に見つかる仕事に変わるだけならば、同じ結果になるだけのことです。むしろ、自分の経歴を汚します。

あちらからこちらへ移り、こちらからあちらへ移り、転々と職を変えるだけでは、その人の信頼はどんどん失われていきます。

「壺中の天」を見出す

二つ目は、しばらく仕事のことは深刻に考えず、仕事と離れた別の世界を持つことです。

これを古い言葉では「壺中の天」と言います。

この言葉は、『後漢書』の「費長房」に登場します。


どのような話かと言いますと、費長房という、現代で言えば市役所の役人が、あるとき市役所の窓の二階から下を見ると、露店の市がずっと並んでいます。

ちょうど日も暮れかかっており、次々と店じまいをしていました。ふと見ると、そのなかに、少し普通の老人と違うような人物がいます。

その老人は薬屋なのですが、周りの露天商が次々と荷物をまとめて帰っていくにもかかわらず、まだ帰らず、じっと辺りの気配を窺っています。

そして、誰も見ていないと思うと、壁の後ろにかけてあった壺のなかにすっと入っていく。消えてしまったのです。

費長房は、「まさにこの人は仙人だ」と思い、次の日に老人に向かって、「私は昨日、あなたが壺のなかに入るのを見ていた。私も、その壺のなかに連れて行ってほしい」と言いました。すると老人は、「まあ、見ていたならば仕方がない」ということで、彼を連れて壺のなかに入っていきました。

壺のなかに入ると、まさにそこは別世界。黄金のお城があり、そこで大変な接待を受けて、帰ってくるという話です。

すなわち、世俗の生活のなかにあって、世俗の人から離れた全く別の世界へと行く。このようなことが爾来、「壺中の天」と言われるのです。これは現代風に言えば、趣味の世界に生きる、あるいは道楽の世界に生きるということではないかと思います。

道楽を持つということは、これが良い趣味の道楽ならば、そこには良い師があり、良い友があり、良い本があります。そして、そのようなことから、思いがけなく最初は嫌いであったような仕事でも、ひょっとすれば考え方が変わって、好きになってくることがあります。

何か打ち込めるものを自分の道楽で持つことによって、自分の精神の調和がはかられます。安岡正篤さんは「真善美の調和をはかることが人格形成だ」と言っておられますが、この調和というものは、精神の修練にとって非常に大事なことなのです。

そして、精神の調和がはかられると、いままで嫌だ、嫌だと思っていた仕事が、段々面白くなってくることもあります。

従って、ある意味で、妥協の産物のように思われるかもしれませんが、どうしても仕事に生き甲斐を感じない、この仕事が合わないということであれば、壺中の天を見出し、そのなかにしばらく没頭する。そして、精神の調和を整えてから、もう一回仕事にチャレンジしてみる。

このような方法も、意味のあることではないかと思います。

無限の世界が広がる「縁」

三つ目の話をする前に、もう一つお話ししたいことがあります。

僕は、この壺中の天とは、仕事に生き甲斐を感じている人が持っていても良いのではないかと思うのです。自分の生活の場を広くすると、例えば、友人が多くなり、交友関係も広くなり、本も違った分野のものを読むことになります。これは非常に良いことです。

職を自ら選択するということは、無限の有限化です。

自分でこの職を天職と思う。あるいは、それが特に専門職で一つの世界にずっと没頭していくならば、それは、ある意味で、無限の有限化でもあります。

安岡正篤さんは、このように言っておられます。

「人間は、子供のときほどあらゆる素質、性能、技能を豊かに持っており、何にでも向く要素を持っている。成長するうちに、段々、他のものが消えて、ある特定のものだけが出てくる。長じて専門の知識、技術を修めるということは、一面において無限の有限化だ。まったきものを限定するということにほかならない。学校を出て、世の中に出るということは、めでたいに違いない。就職するということはめでたいに違いないけれども、世の中に出て何になるかということは、別な面から言うと、寂しいことだ」。

すなわち、専門を決めることは、自分の生活の舞台を本来の無限のものから極限していく、限定していくことにつながります。それに馴染んでしまえば、本当に区々たる小さな人間になってしまうと言うわけです。

ですから、単に何かになるということを超えて、広い世界に視野を向ける。もっと根本的、本質的な問題に絶えず注意をしなければ、人間の器が小さくなってしまうと言うわけです。

僕も全く同感です。

人間は、自分の世界というものを限定しがちです。無限の有限化を行いがちなのです。

例えば、あまり見識のないような人から、「あなたは理科系だ」「法学部や経済学部ならつぶしが利くから、行ってみたらどうだ」と言われることがあります。

あるいは、以前ゼミにいた卒業生に「教授、ぜひ一人、ゼミから当社に紹介してください」と言われ、そのような義理もあるからと会社を紹介されることもあります。

このようなことで、自分の人生を決められても良いのでしょうか。

ただでさえ自分自身を限定しているにもかかわらず、さらに周りからも色々な形で限定され、無限の可能性をどんどん、どんどん狭めているわけです。

従って、それを広げようとするならば、そこに趣味の世界でも、道楽の世界でも、あるいは、勉強会と称されるものでも世の中にはたくさんあります。

そのような出会いを通じて、色々と世界を広げていくことが大切だと僕は思います。

仏教には、「縁尋機妙」という言葉があります。

良い縁がまた良い縁を尋ねて、その発展の仕方は非常に機妙なものです。

ですから、色々なところにご縁をつくっていくことが大切です。

例えば、古典の勉強会に入るのもよし、お茶を習うのもよし、ゴルフでも結構です。その道を究めれば、ゴルフの同好の士からも良い縁が生まれるかもしれません。

また、「多逢聖因」という言葉があります。

多くの交わりを持っていると、いつの間にか良い結果につながることがあるということです。僕自身について言えば、例えば、美術やアンティークが好きですから、その世界で色々な人に知り合い、話をします。

また、そのような本も読みます。もしマイセンの陶器を集めるとすれば、その歴史をずっとさかのぼって、どのような工房でどのような人が、その時代の作品を創ったのか。あるいは、マイセンは何に影響を受けているのかと思い、中国の影響を受けていた時期がある、さらには日本の影響を受けていた時期もあるということを勉強します。

僕が読む本は、ほとんどが亡くなった方によって書かれたものです。書物とは、亡くなった方と時空を超えてご縁ができる、非常にありがたいものだと思います。

これは、小説でも同じです。知らない世界のなかで、自分が主人公になったような気分で、色々な体験をすることもできます。

ですから、できる限り本を読んでみたら良いと思いますし、またそれも縁なのです。

「心の置き所」を変える

最後に、三つ目の方法ですけれども、これは簡単なことです。

心の置き所を変えてみる、ということです。

例えば、「バカヤロー解散」で有名になった吉田茂元総理をご存知だと思います。ある書物を読んだときに、このようなエピソードがありました。


吉田さんが外交官試験に合格し、外交官として外地に赴任されたときのことです。

まさに青雲の志を得て外交官になったわけですけれども、彼の最初の仕事は、電信を受ける電信室から、受けた電信を大使に届ける役だったというのです。

吉田さんは大変な能力を持った人物でした。

「なんで俺が、来る日も、来る日も、電信室から大使室に電信文を届けるような馬鹿な仕事をしなければならないのだ。俺のような能力のある人間に、こんな仕事をさせるのは、まさに国家的損失だ」と思ったそうです。

そして、義父の牧野伸顕さんに、「全く馬鹿げた仕事を俺にやらせている。こんな仕事は辞めるべきだと思う」という手紙を書きました。

そうすると、その牧野さんは、厳しい叱責の文章で次のように言ったそうです。

「何を馬鹿なことを言っているのだ。お前のやっている仕事は、すなわち、大使よりも先にその電信文を見られるということだ。その電信文には、日本から来るもの、あるいは世界から来るものもあるだろう。けれども、大使に届く電信文には、まさに一国を左右するようなものがあるかもしれない。そういうものをお前は大使より先に見ることができる。なぜ、それを見たときに、もし大使だったらどのように判断し、どのように行動するかを考えないのだ。それは、大変な実践的な勉強の機会だぞ」と厳しく叱ったそうです。

そしてまた、「大使がどのように行動するか、それが自分と同じか、違うのかをよく考えろ。なぜ大使は自分と違う判断をしたのか、そういうことを突き詰めることが、お前の勉強になる」と言ったというのです。

このような叱責の手紙を受けて、吉田さんはいままで「俺には能力があるのに何でこんなことを」と呻吟していたけれども、それが頭から消えて、心が晴れ渡ったと言います。

このように、人間というものは、わずかな心の置き所を変えることによって、そのようなことをいくらでも経験できるのです。

毎日、「嫌だ、嫌だ。何でこんな仕事をしなければならないのだ」と思うのではなく、見方を変える。あるいは、考え方を変えることによって、実は、自分にとって非常に積極的な意味が生まれてくるのです。

同じようなことは、僕自身もたくさん経験したことがあります。

おそらく皆さんも、誰かに言われてふと気がつくことがあったのではないでしょうか。

吉田さんの場合は、義父の牧野さんが非常に見識がある人物だったから気がつくことができたのだと思います。

ところが、もしも「全くその通り。そんなところはすぐに辞めてしまいなさい」と言われていたならば、吉田さんは永久に総理になることはできなかったかもしれません。

彼の名前が日本史のなかに残ることも、なかったかもしれません。

しかし、彼は、心の置き所を変えることが人間にとって大切だということを学んだのです。

そもそも、人間には、思うようにならないことが九〇パーセント以上もあります。

僕でもそうです。しかし、九〇パーセント以上が思うようにならないからといって、あらゆることに対して、否定的になったり、消極的になったり、批判的になったりしていては、結局、自分が段々と消耗していくだけのことです。

思い通りにならなければ、思い通りにならないなりに「命まで取られることはない。仕方がないではないか。次にまた、新しい手を考えよう」と、前向きに生きることが大切です。

ですから、この生き甲斐の定義を自分で掴んでいなかった人も、まだ生き甲斐を感じられない人も、ここで申し上げた三つの方法を参考にして、自分自身の生き甲斐を見出していただきたいと思います。

「仕事を楽しむ」の境地

さて、次に、いまの仕事を楽しんでいるかということです。

『論語』の「雍也篇」に、次のような一節があります。

「これを知る者はこれを好む者に如かず。

これを好む者はこれを楽しむ者に如かず」。


「楽しむ」というのは、最高の次元です。しかし、これは非常に難しい。


人生を楽しんで生きるために、仏教では「三毒を去れ」と言います。

一つ目は、「貪《たん》」です。これは、貪欲のことです。

二つ目は、「瞋《しん》」です。これは、怒りのことです。

三つ目は、「痴《ち》」です。これは、無知ということです。


仏教では、この三毒を去ることによって、人生を大いに楽しめると言いますが、残念ながら僕もまだそこまでには至りません。

自分の仕事を振り返ってみると、僕は、いつも非常に高いところに目標を置いて、それを達成しようと必死になって、ありとあらゆる智恵の限りを尽くします。

また、いつも無理をします。戦々恐々と薄氷を踏むが如しで、崖っぷちにいます。

言ってみれば、余裕がないのだと思います。

それはつまり、まだ、僕自身の人間ができていないということです。

「忙中閑あり、苦中楽あり」と言うだけならば簡単なのですが、実際にするのは難しい。本当に苦しいなかに楽を見出すことは、凡人にはできません。

精神を鍛錬する以外に方法はないのです。

ですから、僕が色々なことで無理をするのも、これは鍛錬なのです。


また、『易経』に「天行健なり。君子は以て自彊《じきょう》してやまず」という言葉があります。この言葉は、中国の清華大学の校訓にもなっているそうですが、「天の運行というのは健やかである。毎日、毎日、刻々と動いている。一分一秒狂いなく、健やかに動いていく。君子はその天の運行のように努力し続けないといけませんよ」ということです。

ですから、僕自身も努力し続けたい、そして、楽しむ境地に至りたいと思うわけです。


もう一方の対句も紹介したいと思います。

『易経』では、「乾《けん》」と「坤《こん》」が、二大卦なのです。

「地勢坤なり。君子は以て厚徳載物」。

どのような意味かと言いますと、坤というのはまさに大地なのです。

大地とはご存知の通り、あらゆる生物をその上に載せて、育てるものです。

つまり、君子とは、それと同じように、あらゆるものを包容していくような徳を身につけることが大事なのです。「厚徳載物」とは、そのような徳を身につけるということです。


僕は毎朝、この言葉を読んでいます。

出社する前に、僕の部屋に掛かっているこの言葉を読む。自宅に帰ってからも読む。

そして、これを三省、つまり三度反省します。

自分はこれを怠っていないか、徳を積むために努力をしているかと、自問自答をしています。

これらを積み重ねることによって、楽しむという境地に達したいと思います。

「艱難辛苦」に感謝する心

『韓非子』のなかに、このような言葉があります。

「冬日の閉凍や固からざれば、すなわち春夏の草木を長ずるや茂からず」。

これは、冬の日に大地を固く凍らせるような月間、すなわち寒い時期がなければ、春から夏にかけて草木が勢いを持って盛んに茂ることはないということです。

つまり、人間も艱難辛苦というものを経験しなければ、後日の繁栄はありません。会社でも同じです。

ですから、色々なことを経験することで、もっともっと強くなることができます。

僕も一夜にして現在のようになったわけではありません。

ずっと戦い続け、苦労し続け、幾多の辛酸をなめ、その艱難辛苦のなかで自らが鍛えられ、まだ楽しむところまでは至らないけれども、いまや少々のことでは驚かなくなってきました。

木に年輪ができるように、このような経験があるからこそ、強くなるわけです。年輪のない木というのは弱いと思います。

また、『十八史略』のなかに、このような言葉があります。

「死地に陥れてしかる後に生き、これを亡地に置いてしかる後に存す」。

自分を絶体絶命の場所において、そこから生き残れるチャンスを自分自身で探し出していくということです。人間は、土壇場にならなければ、なかなか良い方策を思いつきません。

崖っぷちのところで自分を鍛えることで、最終的には、これを楽しむの境地に至るのです。

そこまで人間が修練されるためには、自分自身をいじめることによって、鍛え抜く。

そして、艱難辛苦に感謝する。感謝するほど積極的な人間になる。

あらゆることに否定的、消極的、悲観的にならず、溌剌颯爽としなければなりません。

どんなことがあっても、「命までは取られない」「一晩ゆっくり寝てから考えるか」と思う。

それくらいの大物にならなければならないと思います。


この厳しいときに苦労をしているわけですから、皆さんにはそれだけの実力がついてきています。必ず蓄えられているはずです。

大いに頑張っていただきたいと思います。


以上で、今日の僕の話は終わります。

ご清聴、ありがとうございました。

指導者　求められる人間的魅力

指導者の人間的魅力とは

今日は、指導者に必要な資質条件について話をしたいと思います。

このテーマについては、昔から先人が色々なお話をされています。

ですから、皆さんも、色々な書物を読んだことがあるのではないかと思います。そして、自分なりの意見があるのではないかと思います。

皆さん、松下幸之助さんの書いた『指導者の条件』という本を読まれたことがありますか。

この本は、実に百二もの指導者の資質条件を挙げているのです。

そして、さすがに松下さんも、「百二の項目全部を完璧に実行できるような人は、神様でなければいないだろう」と言っておられます。

また、松下さん自身、「この本を書きながら、それぞれの項目について、自分がいかに実行できていないか、改めて感じた」というお話もされています。

けれども、一方でなかなか厳しいことを言っておられるのです。

その百二の項目について、「どれか一つでも、ゼロであるということでは駄目だ。経営者としての資質がないということだ」と言っておられるのです。「仮に三〇パーセントでも、あるいは二〇パーセントでも、その項目が実行できているという状況でなければならない。八〇パーセントの項目があれば、別に三〇パーセントや二〇パーセントの項目があってもよい。ただ、もしゼロのものがあるならば、どれほど他のものができていても、指導者としての資格はない」と、厳しいことを言われているわけです。

ただ、僕も百二の項目を何度も読んでみて、松下さんの言われることはもっともだと思いました。これがゼロだと思うものがあるならば、やはり指導者として相応しくないのではないかと思ったのです。

さて、松下幸之助さんは、古今東西の指導者の資質条件を随分と研究されて、この百二の項目を列挙して説明されたわけですが、一般的な指導者像、指導者に対するイメージについては、これもまた、昔から色々な調査がなされています。

例えば、経済団体や経営者の団体が、経営者に対して「指導者の資質条件とはいかなるものですか」と聞くアンケート調査は、過去何度もなされています。

あるいは、新聞にも「企業のトップ百人に聞く中間管理者像」ということで、どのような人が理想的な中間管理者なのかを紹介されていたことがあります。

それらを見ると、先見力、洞察力、決断力、企画創造力など、どちらかと言えば、知的な、ハードな資質条件が主として挙げられています。これが一般的なイメージです。


どれも非常に大事なことだと思いますが、これらのアンケート調査で挙げられている条件は、僕とは意外に違うように思います。

もちろん一般的なイメージですから、アンケートの設問で「三つ挙げなさい」と質問された結果、それらの回答が主になったということかもしれません。しかし、僕がもしアンケートで選ぶとすれば、あるいは自ら書くとすれば、どちらかと言うと、もっと情的な、ソフトな資質条件を優先的に書くだろうと思います。

例えば、人間味や人格に関わる部分、そのようなものを指導者の条件としてむしろ先に挙げるのではないかと考えるわけです。


なぜ、このように情的な、ソフトな資質条件を優先するのか。

僕は、知的な、ハードな指導者の資質条件というものは、それを持っている人物が周りにいれば良いのではないか。すなわち、自分よりも優れた資質を持っている人物に周りに集まってもらえるようになれば良いのではないかと思います。

自分一人でできることは、基本的に限られています。

従って、自分が持っていても劣っている資質は何であり、誰がそれを持っているのかを知る。そして、そのような資質を持っている人物に周りに集まってもらい、その人たちの意見を聞くということが大事なわけです。

ですから、先ほど申し上げたように、どちらかと言えば、知的な、ハードな資質条件よりも、むしろ人に集まってもらえるような、情的な、ソフトな資質条件が大切ではないかと思います。

つまり、情の面での人間的な魅力というものが必要だと思っているわけです。

『論語』には、「徳は孤ならず、必ず隣あり」という言葉があります。

これは、「徳を行っている限り、人は決して離れていかない、孤立するものではない。そして、必ず共鳴するような人が集まってくるのだ」という意味です。

あるいは、これも『論語』ですが、「政を為すに徳を以ってすれば、譬へば北辰の其の所に居て衆星の之に共《むか》ふが如し」という言葉があります。

「北辰」というのは北極星です。「北極星に群星、様々な星が向かって従うように、人民も、徳の高い人に従いますよ。その人の周りに集まって、従っていきますよ」という意味です。

松下さんの話では百二の資質が必要だということですけれども、指導者には非常にたくさんの資質条件が必要です。

今日は、そのなかでも、むしろ情的な資質条件を中心に話をしたいと思います。

第一の条件　熱意を持つ

第一の資質条件は、熱意を持つということです。

それも、誰にも劣らない最高の熱意を持つということです。

知識や才能は、人に劣っても構いません。しかし、こと熱意に関する限り、指導者は誰にも勝る熱意を持たなければならないと僕は思います。

そもそも、ただ何となくやりたいというような気持ちでは、物事を完遂することは絶対にできません。

何としても成し遂げなければならない、是が非でも成し遂げよう。指導者がそのような気持ちになり、熱意を持って取り組んだときに、今度は人々が集まる、動かされるということがあるわけです。

指導者が誰にも勝る熱意を持っているから、智恵を持った人物、才能を持った人物、技術を持った人物が、周りに集まってきます。熱意に動かされて集まってくるものなのです。

そして、集まった人たちの持っている智恵、才能、技術などが提供される。そのようにして、事というものは、完遂することができるわけです。

そしてまた、人間は、熱意があれば努力をします。

「何としてもこれをやり遂げよう」と思えば、必死になって努力をします。熱意のあるところに努力が生まれてくるのです。

そして、工夫も生まれ、やがて成功の智恵が見つかります。

ですから、指導者になりたいと思う人は、熱意から全て始まるということをよく理解していただきたいと思います。

第二の条件　誠実さを持つ

第二の資質条件は、誠実さです。これは、人間としてごく当たり前のことだと思います。

まさに韓非子が言うように、「巧詐は拙誠に如かず」。

「巧詐」というのは、上手く誤魔化すこと。「拙誠」は下手でも真面目という意味です。

「巧詐は拙誠に如かず」と、韓非子は一言で言い表しています。

僕は過去、色々な古典を読んできましたが、これほど誠実さが大事だということを一口に表した言葉は、全く見当たりませんでした。

韓非子には、それだけ物事の本質を見る力があったのでしょう。


誠実さというのは、最後に人を動かします。

しかし、人間とは弱いものです。

よほど厳しく自分自身を律しなければ、どこかでその誠実さが狂うことがあります。

ですから、誠実であるということを、常に心がけなければならないと思います。

第三の条件　使命感を持つ

三番目は、使命感です。

指導者は、事にあたっては常に、「何のために行うのか」という使命感を持たなければなりません。

使命感を持つことなく、経営理念や経営方針はあり得ません。まず使命感があり、それから経営方針と経営理念があるのです。

昨日、僕はある経営者に対して、「この資料では、あなたの会社のミッションが何であるかがよく分かりません。それが何かということを明示して、そして経営方針は何で、経営理念は何だということを説明してください」という話をしました。

往々にして、使命感がないために、そのような文章やプレゼンテーション資料になるのだと僕は思います。

また、使命感がある人、使命感がある指導者は、今度はそれを人に訴え、共有していかなければなりません。

たとえ使命感を持っていても、それが人に伝わらなければ何の役にも立たないのです。大きな力にはなりません。

従って、プレゼンテーション能力、相手を納得させる力ということも、非常に大事です。

最終的には、その使命感を共有することが大事だということです。

このことは、僕が本を書く一つの理由でもあります。

僕の考えている使命感がいったい何なのか。

僕の使命感から発する、その経営方針や経営戦略は何なのか。

それらを、より多くの人々に共有していただきたい、少しでも分かっていただきたいということなのです。


従って、それぞれの会社の指導者になっている人は、自分の使命感を持って、このグループのなかで会社をどのように経営するかを明確にしていただきたいと思います。

もちろん、当グループとしての大きなビジョンはあります。それを無視することはできませんが、そのなかでも、自分自身の使命感をきちんと伝え、色々な経営方針や事業戦略を打ち立てることはできるはずです。

そして、もう一つ大事なことは、自己犠牲ということです。

徹底した使命感を持てば、今度は、自らを犠牲にする、自己犠牲の精神というものが生まれてきます。指導者には、この自己犠牲の精神というものが必要です。

これがあるからこそ、人が感動し、動かされることがあると僕は思います。

第四の条件　人情の機微を知る

四番目は、人情の機微を知るということです。

人間はいったいどのようなことで喜び、どのようなことで悲しみ、どのようなことで動き、どのようなことで背くのか。これを知るということです。

この資質を養うことは、非常に難しいことです。

ある程度、歳を取らなければ難しいかもしれません。

なぜかと言いますと、数多くの人と触れあい、常に、素直な目で人間を見る。そして、その人の心がどのように動いているのかを知ろうと、必死になって努力する。

それを何度も繰り返さなければ、なかなか人情の機微というものは分からないのです。

皆さん、豊臣秀吉の『太閤記』を読んだことはありますか。

そのなかで、秀吉がこのように評されています。

「人心を華やかにし賜うこと、なかなか信長公も及ばざる大将なり」。

大河ドラマ「利家とまつ」では、豊臣秀吉が主要人物として登場しています。

それを見ていますと、秀吉はいたるところで人情の機微を知っていると思わせる発言や行動をしています。そして、それが彼の人間的魅力でもあったのでしょう。

秀吉が天下を統一した後、彼が生きている限りは、誰一人として背くことがなかったと言います。生きている限り、豊臣恩顧の大名たちは皆、尊敬し切っていたのです。

これは、ある面では、徳川家康ですらそうだったのではないかと思います。

秀吉は、それこそ足軽、水呑み百姓のところに生まれ、貧乏故の苦しみを嫌というほど味わってきたから、人間の気持ちというものがよく分かったのだと思います。

人の気持ちが分かるようになるというのは、非常に大事なことです。

けれども、これは自ら努力しなければ身につかないものです。

秀吉は、次のように言っています。

「人は、我を含めて皆不憫なり」。

あのように天下を取ったような人物が、自らを不憫だと言っています。天下を取ったような人物ですら、実の母や妹を人質に出さなければならなかったわけです。天下を取っても不憫です。彼自身、ずっと悩み続けることが多かったのでしょう。けれども、「悦服」という言葉があるように、生きているときにはずっと、悦に入れさせ服させるということをしてきたわけです。

ですから、人情の機微、これを知るということは非常に大事だと思います。

第五の条件　義侠心を持つ

五番目は、義侠心です。

孟子の言葉に、「惻隠の情」というものがあります。

これは、「人に忍びずの心」とも言われるように、他人の苦痛や不幸を見るに忍びないと、哀れみ痛む心ということです。

これに加えて、理不尽なことは許せないという憤りの心を持つこと。

この二つが、義侠心の意味だと僕は解釈しています。

これらの心を持ち、義侠心を身につけることは、指導者の人間的な魅力を伸ばすことになるのではないでしょうか。

僕は子供の頃からそうでしたが、可哀想な人が出ているテレビ番組を見ると耐えられなくなります。特に善人がいじめられるものは、見ていられません。

ですから、僕が好きなテレビ番組と言えば、勧善懲悪です。悪が必ず滅びるものです。「銭形平次」「遠山の金さん」「水戸黄門」などは、長く日本の視聴者に人気番組として支持されていますが、非常に良いことだと思います。このような作品は、五分ほど見れば、誰でも「こいつが悪人だ」ということが、すぐに分かります。

ところが、アングロサクソン系やユダヤ系のものは、例えば、ヒッチコックなどを見ると、結末がどうなったかが分かりません。僕は、このような作品を見ると耐えられなくなります。

とにかく悪は滅びなければならないと思うのです。悪を見ると許せないと思うのです。

可哀想なものを見ると、僕はすぐに見るに耐えなくなり、テレビを消します。

また、子供のいる家庭では、子供の小さいときに「犬を飼いなさい」「生き物を飼いなさい」と言われますが、これは大事なことだと思います。

生き物に対して親が愛情を示すと、その姿を見た子供も、生き物に対して愛情を示すようになります。そして、子供は、惻隠の情まで分かるようになります。

このような気持ちは、やはり非常に大事なのではないかと思います。

ですから、同じように子供には勧善懲悪の番組を見せるのです。

善人が殺されたり、暴力シーンが登場するような番組ばかりを見て育つと、子供はどうなってしまうでしょうか。

暴力シーンがあっても、最後には悪が滅び、善人はあまり怪我をしないで助かるならば良いと思います。けれども、最近の番組は、そのようになっていないようです。

これは良くないと思うのです。

第六の条件　感謝の心を持つ

第六番目は、感謝です。


これも当たり前のことですが、皆さん、この言葉をご存知でしょうか。

「感謝は実力を倍加する打ち出の小槌なり」。

かつて読んだ本のなかに、この言葉がありました。まさに至言だと思います。

先ほどの話ではありませんが、もしも織田信長に自分は部下によって生かされているという気持ちが少しでもあれば、当然、部下に対して感謝をする気持ちが表れてきたはずです。

しかし、信長は、部下に生かされているとは思っていなかったように思います。

例えば、「おい、木下（豊臣秀吉）、しんがりを務めよ」と言い、自分は真っ先に逃げていく。

この「しんがり」というのは、「お前は最後まで戦いなさい。その間に、俺は逃げる」という、死ぬ確率の高い大変な役割です。

信長には、そのようなことを平気でするところがあったのではないでしょうか。

安国寺恵瓊《えけい》は、信長と会って、あまりにもその傲慢、高慢な態度にあきれ果てて、「高転びに転ぶ」と予言しました。そして、その通りに、彼は本能寺の変で殺されました。

一方、そのとき秀吉のことは、「木下様とは、なかなかの人物だ」と、併せて予言しているのです。

ですから、見る人が見れば、人間の将来の結末もそのように分かってしまうわけです。

第七の条件　強運ということ

七番目に、強運ということです。

昔から、成功の条件として、「運鈍根」ということが言われています。

まずは「運」。

それから「鈍」。「鈍」というのは軽々しく動かないということです。

そして「根」。「根」というのは根気があるということです。

まさに、「運」は成功の第一条件であると言うのです。

成功者に、「あなたはなぜ成功したのですか。成功の秘訣を教えてください」と質問すると、「それは運が強かったのですよ」という答えが返ってくることがあります。

松下幸之助さんも、「九割は運だ」と言っておられます。「九割は運」ということは、残りは一割しかありません。

しかし、そうであるならば、努力、智恵、根性とはいったい何なのか。何の意味もなさなくなるのではないのか、と疑問に思われるのではないでしょうか。

これは、僕が若いときの一つの疑問でした。

運という、まさにどうにもならないものに人生が左右されているならば、自分はどのような運なのだろうかという好奇心と、万一それがつまらないものならば自分はどうすればよいのだろうか、と思った時期がありました。

そこで、先人が残した色々な本を読みました。

先人、先哲がどのように言っておられるかをいくつか紹介したいと思います。

「運には天運と人運がある。天運は神様が決めるもので、これはかりはどうしようもない。しかし、人運はその人の努力や生き様によって変わる。従って、人運は経営者の心構えがものをいい、ツキを招き寄せる。そういうことも可能なのだ」。

このような言葉を残された人がいます。

また、中村天風さんは、このように言っておられます。

「運命には、天命と宿命という二種類がある。前者の天命は絶対で、後者の宿命は相対的なものである」。

この「相対的なものである」とは、つまり、宿命は人間の力で切り拓いていくことができるということです。

安岡正篤さんも同じようなことを言っておられます。

『立命の書「陰隲録《いんしつろく》」を読む』に、このようなエピソードがあります。

あるとき、中国の元という国で、青年が易者に自分の運命を占ってもらいました。

青年は、「何歳のとき、こんなことがある」「何歳のとき、どんなことをする」「何歳で死ぬ」という一生の系譜をずっと書いてもらいました。

このようにして、自分の運命がどのようなものかを知った青年は「もう色々努力したり、苦しんだり、悩んだりするのは馬鹿馬鹿しい」と思ったそうです。

それから、彼は、達観した人生を送るようになったのですが、あるとき、一人の僧侶に巡り会います。

その僧侶は、青年に、「なぜお前はそんなに達観して生きているのだ」と聞きました。

青年は、「私は運勢を見てもらった。私の運命はこういうことなのだ。いまさらあがいても仕方がない。だから、達観した人生を送っているのだ」と言ったそうです。

それに対して、その僧侶は、言いました。

「お前は間違っている。そういうことではないのだ。そもそも易というのは、本来、本質的に変わるということを意味しているのだ。変わらないのが不易なのだ」。

これは、言い換えれば、「人間には、与えられた運命というものがそれぞれあるけれども、その運命は変わる、変えられる。そのために、易を用いるのだ」ということです。

つまり、運命は変わるのです。

青年は、その後、発憤して勉強し、官吏になるための科挙の試験を受けます。科挙とは、現代で言えば高級官吏になるための上級公務員試験にあたるものですが、さらに厳しい試験です。

その試験を通って大成したというエピソードがあるのです。

そのようなエピソードを紹介しながら、安岡正篤さんは、このように言っておられます。

「運命は心がけ次第でいくらでも変えることができる。与えられた運命に甘んじて、そのなかに埋没して流されて、翻弄されるというような生き方もあるけれども、与えられた運命を変えるという生き方もあるのだ。そして、努力をし、与えられた運命を自分が望む方向に変えていく。これが立命ということなのだ」。

この「立命」とは、孟子の言葉です。

まさに安岡正篤さんが言われる意味だと僕は理解しています。

このような先哲の言葉を聞くと、「では、なぜ指導者の資質条件に『運』を入れる必要があるのか。むしろ、『努力』を入れるべきではないか」と思われるかもしれません。

しかし、努力ではどうしようもない天運も、一方では厳然としてあるのです。

例えば、僕自身の来し方を振り返ってみても、やはり厳然とした運命というものはあります。いかんともしがたい運命というものがあると思います。

例えば、どこの国に生まれるのか、いつ生まれるのか。

あるいは、男性に生まれるのか、女性に生まれるのか。これらによって全く違います。

例えば、織田信長が天下泰平の元禄時代に生まれていたらどうでしょうか。戦国時代に生まれたから、歴史に名を残すことになりましたが、元禄時代では、絶対にならなかったと思います。これは、努力ではどうしようもないことです。

あるいは、先ほどの人生を達観していた青年も、もし僧侶と巡り会わなければ、そのご縁がなければ、別の人生になっていたかもしれません。

そのような出会いやご縁というものは、運命なのです。

これはどうしようもありません。しかし、そのようなことは、やはり厳然としてあります。

この運命が、偶然か、必然か。

これについては、僕も昔、随分と考えたことがあります。

色々な本を読みましたが、まるで正反対のことが書いてありました。本というのは、色々と読めば読むほど、逆に悩むことがあるのです。

例えば、芥川龍之介さんは、『侏儒の言葉』のなかで、こう言っておられます。

「運命は偶然よりも必然である。

運命は性格のなかにあるという言葉は、決して等閑に生まれた言葉ではない」。

「等閑に生まれた言葉ではない」とは、いい加減に生まれたものではないということです。これを読んだときに、「それはそうだ。なるほど」と思いました。


ところが、三木清さんは、『人生論ノート』のなかで、こう言っておられます。

「人生は何事も偶然であり、また必然でもある。これを我々は運命と称している」。

これは、非常に難解な言葉です。

結局、その人物がどのような体験をしてきたかによって、このような違いが出るのだろうと僕は思っています。


また、松下幸之助さんは、「九〇パーセントは運だ」と言っておられます。

これは、非常に謙虚な言葉だと思います。器が大きいからこそ、このように言えるのです。

これは暗に、松下さんの器量を表した言葉だと僕は思います。

では、僕自身はどのように考えるかと言いますと、五〇対五〇ではないかと思います。

いまの僕の考え方は、マキャベリに近いと思います。

彼は、『君主論』のなかで、このような言葉を残しています。

「運命は我々の行為の半分を支配し、他の半分を我々自身に委ねる」。

このような意味で、指導者の資質条件に、僕は強運ということを挙げているわけです。

運が強い人。これはやはり非常に力がある指導者になれる可能性があります。

しかし、いま自分の運が弱いと思っている人も、いつまでも弱いということではありません。

また逆に、いつまでもずっと運が強いということでもありません。

やはり誰にとっても、幸運というものは訪れることがあります。

従って、それを生かすか、うまく掴むかという問題だという人もいます。

ただし、僕は、これは必ずしもその通りだとは思っていません。

必ずしも公平であるとは思っていないのです。

僕の考え方には、『易経』のなかにある「積善の家に余慶《よけい》あり。積不善の家に余殃《よおう》あり」という言葉が、深く染み込んでいます。

善行を施す家には余分の恵が来る。不善を施す家には余分の禍が来る。

もしも親が不善ばかりを働いてきたならば、子供にもあまり幸運が来るとは思わないのです。ですから、子供を愛する親は、不善は働かないようにしたほうが良いと思います。むしろ、善行をでき得る限り施すように努める。そうすると、運が近づいてきます。

さて、もう少し別の話をしますと、運を引きつける方法について述べた人がいます。

『五重塔』で知られる幸田露伴さんは、『努力論』という本のなかで「惜福」「分福」「植福」という三つの方法を言っておられます。この「福」というのは「幸運」のことです。

「惜福」とは、「福」を「惜しむ」。つまり、やってきた運を全部使い切らずに、少し残しておく。そうすれば、その運がなくなってしまう前に、また新しい運が訪れるということです。

「分福」とは、「お裾分け」や「お福分け」という言葉がありますが、「福」を「分ける」ということです。

例えば、豊臣秀吉は、これほど気前よく分けた人はいないというほど、分福をした人だと言われます。まさに分福の結果として、天下を統一し、人々を悦服させることができたということかもしれません。

しかし、徳川家康は徳川三百年を築き上げることに成功しましたが、秀吉は一代で終わってしまいました。あまりに人に与えるから、周りの人間が力を持ったのです。秀吉の時代には、五大老、五奉行と呼ばれる重臣たちは皆、力を持っていました。

逆に、徳川家康は、あまり分福していません。どちらかと言えば、惜福かもしれません。重臣である大名や旗本は相当な禄高をもらっても良いのではないかと思いますが、平均して十五万石程度と少ないのです。井伊家でさえ三十五万石です。外様は若干多かったようですが、一方、参勤交代によって財政負担を強いられていました。それぞれの大名に力を持たせなかったのです。

このような例もあります。

そして、「植福」とは、植林と一緒です。植えるということです。このような方法によって運を引きつけることができると言うのです。

しかし、そもそも運というものは、人為の及ばないものです。また、運とは巡ってくるものですから、「これだけ残しておこうか」と計算することは不可能です。

これらは難しい話ですけれども、そのような話があることを頭に入れていただきたいと思います。

真の指導者たる人物とは

さて、いままでどちらかと言えば、情的な、ソフトな部分での指導者の資質条件について話をしてきましたが、皆さんのなかには「自分はそこそこ条件を満たしている」と思う人がいるかもしれません。

しかし、このような人には、孟子の教え、考え方を紹介したいと思います。

孟子は、どのようにして人が天子になるかについて、このような言葉を残しています。

「天授け、人与う」。


天が天命という形で授け、人民が与うという形で、人は天子になる、指導者になると言っているわけです。

自分で天子になりたい、指導者になりたいと思っても、必ずしもなれるものではありません。

逆に、天子になどなりたくない、指導者などに絶対になりたくないと思っても、そうならざるを得ないこともあります。

このようにしてなった指導者が、真の指導者なのです。

そして、全責任を持つ指導者であるならば、最終的な決断は絶対です。

このように考えると、これは天が与えたようなものだということです。


同時に、指導者になるためには、人が与うという要素も必要です。

「人与うを忘れると、その民を失う。その民を失う者は、その心を失えばなり」という言葉があります。

なぜ民を失うのかと言えば、民の心を失うからです。

「民の心」とは、言い換えれば、「人望」ということです。人望の源は、言うまでもなく人徳です。人徳のない人には、人はそのようなポジションを与えないのです。


そして、仮に人徳のない人が指導者の地位になったとしても、すぐに組織は機能しなくなります。人徳がなければ指導者になりたいと思ってもなることができず、仮に指導者になっても、人徳がなければ退かなければならなくなります。

そうしなければ、組織が持たなくなるのです。

では、人徳は、どのようにして得られるのかと言いますと、これは仁徳、つまり仁愛を身につける以外にはないと思います。

孟子は、「人を愛して親しまれずんば、その仁に反《かえ》れ」と言っています。


つまり、愛しているのに親しまれないときは、自分の仁愛が至らないのです。

「反れ」とは、「反省しなさい」という意味です。

まず、自己反省しなさい。指導者たらんとする人は、他人を思いやる心、この仁の観点で、常に自己反省をしなければならないということです。

また、「君子は三省す」という言葉があります。

一日三回反省しなさい、ということです。

この反省するということは、非常に大事なことです。

自若たる「死生観」を持つ

さて、これまで述べてきたような資質を身につけるには、どうすれば良いのか。

中国の清の時代の宰相で、太平天国の乱を鎮圧した曾国藩という人がいます。

曾国藩は哲人政治家として知られていますが、この政治家のことを、蔣介石は最も尊敬する政治家として挙げています。

蔣介石は、非常に立派な人物だと僕は思います。日本が戦争で敗れたときに、一切、補償を要求しませんでした。まさに徳性の高い人なのです。一度、蔣介石の本を読んでみることをお勧めします。

この蔣介石が尊敬していたのが、曾国藩という政治家です。

曾国藩は、「四耐」という言葉を残しています。

「人生、冷に耐え、苦に耐え、煩に耐え、閑に耐え、以て大事為すべし」。

この四つに耐えたならば、非常に打たれ強い指導者になれると言っています。


「冷に耐え」、冷遇に耐える。

「苦に耐え」、苦労に耐える。色々な苦しみに耐える。

「煩に耐え」、色々な煩雑さに耐える。

そして、「閑に耐え」。

この「閑」というのは何か。

人間には、長い人生のなかで、やりたいのだけれども、どうしてもできない。

自分はその実力があるにもかかわらず、それがどうにもならない。

じっとしているしか仕方がないという時期があります。

このような「閑」のときに、川柳を残した人物がいます。

「風車　風が吹くまで　昼寝かな」というものです。

広田弘毅さんという後に総理になり、A級戦犯で文官としてただ一人絞首刑になった人です。彼は、まだ若いときに左遷されて、この句を詠んだのです。

そのような状況のなかで、恬淡とした、心静かな心境になっているというところが見事です。

そして、指導者は、この曾国藩の言った四つの「冷苦煩閑」に加えて、もう一つ、「孤独」に耐える必要があるのではないかと僕は思います。

「英雄、常に孤独なり」という言葉がありますけれども、指導者というものは常に孤独です。最終決断を自ら下すという立場は、孤独なものです。

なぜなら、常に良い結論を出せるとは限りません。そしてまた、その結論には、自らが必ず責任を取ります。これは人に被せられないことです。

ですから、指導者というものは、常に孤独であり、よほどの強い精神を持たなければ、務まらないと思います。

従って、十分に鍛錬されていないなかで、「私は指導者になりたい」と言ってなってみたところで、結局「ならなければ良かったな」と思うような職業だと思います。それが指導者という職業なのです。

孤独に徹して、孤独を噛みしめる。

そして、その孤独を単に寂寥感だけで終わらせるのではなく、自若たる死生観、落ち着いていつもと変わらずにいられるような自若たる死生観を得るのです。

この孤独に入り、孤独のなかから自らの死生観を得ていく。

そして死生観が得られたならば、その人間は、その他の資質条件、最初に松下幸之助さんの百二の資質条件でも、一つ、また一つと言うように、少しずつ得られていくものだと思います。

全てについて完璧に身につけられるとは言いません。しかし、少なくとも、いままで持っていなかった資質も身についてくるものだと僕は思います。


しかし、いずれにせよ、そう簡単には、真の指導者にはなれません。

まさに、「艱難辛苦汝を玉にす」という言葉がありますが、様々な艱難辛苦に立ち向かっていかなければ、真の指導者にはなれないのです。

艱難辛苦を知らず、平々凡々、順風満帆に生きていては、絶対に真の指導者にはなれません。

何か事が起こったときには、右往左往して、慌てふためく程度の人間にしかなれないのです。

確固たる「人生観」を持つ

次に、指導者たるもの、どうすれば効果的に自らの使命を果たすことができるかということをお話ししたいと思います。

これもなかなか難しい問題です。

仮に、これまで申し上げたような様々な資質を身につけて指導者になったとしても、必ずしも短期間に成果を上げられるとは限りません。

現に、知的にも情的にも非常に優れた、まさに指導者の鑑というような企業経営者でさえも、任期中に名を残すような成果を上げられなかったということがあります。

従って、指導者は、その業績を上げるためにどうすれば良いのかということを考えなければならないのです。

そこで大事なことは、僕は、「機」というものだと思います。

そして、指導者は、自らはもちろんのこと、部下の「機」を絶対に逃してはならないのです。

ですから、部下がどんな「機」を持っているかということを、常に理解しておくことが大切だと思います。


「機」とはいったい何か。

漢方で言えば、ツボ、勘所です。そこを外すと物事が生きてこないというような一点を「機」と言います。この「機」をうまく掴んだ人は、一気に飛躍することができます。


しかし、リーダーに「機」がないときもあります。そもそも一人の人間の「機」というのは、始終あるわけではありません。むしろ周りに表れてくるということもあります。

従って、誰にその「機」が表れてくるのか、誰に運がついているのかを良く見る。

そして、「この人の言うことはよく当たっている」「あの人の部門の業績が上がっている」ということが分かったら、今度はその人間を適材適所に抜擢する。

指導者には、やはりそのようなことが必要です。

この点を間違えると指導者は、「機」から見放されると思います。

「機」を掴むことができないのです。

「機」というものは、一人の指導者がいつまでも持ち続けることはできません。

ですから、自分の部下が一番脂が乗っているとき、一番機を持っているときを逃さずに、部下を適材適所に配置することが大切です。

僕はいつも、自分の「機」がどうかということだけでなく、部下の「機」が強いのか、弱いのかを見ます。

誰が脂が乗っており、誰が「機」を持っているのか。

そのようなことをよく見ることは、経営者としては大事なことです。

そうすることによって、成果を上げられる可能性が高くなります。

人材を起用するときに、まさに「機を持っている人を選んだ」という有名な話があります。

海軍大臣の山本権兵衛が、連合艦隊司令長官に東郷平八郎を任命したわけですが、彼はあのロシアのバルチック艦隊を殲滅させました。

東郷を選んだ理由は、「あいつと俺は同郷で、鹿児島県出身だ。小さいときからよく知っている。あいつは、本当にツキがあるのだ。運が強いのだ」ということだったと言われます。

そのような理由で、山本権兵衛は連合艦隊司令長官に東郷平八郎を選んだのです。

最後に一つだけ申し上げるとすれば、将に将たる器の人物とは、人生の意義について深く考察し、ある種の確信を持って世に立っている人、言い換えれば、確固たる人生観を持っている人だと思います。

世の中には、能力がある、処世の術に長けている、あるいは、企業家として卓越した能力があるという人は、決して少なくないと思います。

しかし、では、そのような人たちのなかに、確固たる人生観、思想、哲学を持っている人物が何人いるだろうか。あるいは、人間学の奥義を窮めた、窮めたとまでは言えないとしても、少なくとも人間学というものを深く勉強して自らの思想をつくり上げている人物が何人いるだろうかと考えると、残念ながら、それほど多くはないように思います。

僕は、一人でも二人でも、僕と縁があった人のなかから、将に将たる器の人物に育っていただきたいと切に願います。

そのような人物が、革命を起こし、社会を変えることができます。

しかし、そのような人物が育つためには、自己研鑽しかありません。

自ら日々反省し、自己研鑽をし、そして、艱難辛苦を甘んじて受ける。

「若いときの苦労は買ってでもしなさい」と言われますが、自ら苦労へと挑んでいく。

そのようななかで、人間とは鍛えられていくものだと思うのです。

以上で、今日の僕の話は終わります。

ご清聴、ありがとうございました。

第二部

訓話篇

歴史の教訓に学ぶ

バブル崩壊と大デフレ

今朝の新聞の一面に、世界同時株安という記事がありました。アメリカではダウ平均が一万ドル割れとなり、日本でも日経平均が一万一千円割れということで、非常に深刻な状況になってきています。

しかし、株式市場がそのような状況になっていることをあまり深刻に受け止めていない政治家や評論家の発言が多いようで、私も少し驚いています。

もっと深刻に受け止めるべき状況ではないかと思います。

さて、アメリカでは、「インターネットバブル」という言葉が完全に定着してしまいました。確かにバブルの崩壊と言ってよいと思いますが、実はこのようなバブルの崩壊は、過去、資本主義の歴史のなかで何度も繰り返し起こっていることです。

例えば、古くは一六三〇年代、オランダのアムステルダムで「チューリップバブル」と呼ばれたバブルがありました。

チューリップというのはユリ科の植物ですが、約百六十種類の品種があります。

そして、そのなかのいくつかは非常に希少性が高く、世界にあまり例がないことから、高値がつくようになりました。すると、一六三六年にはアムステルダムの証券取引所にチューリップの球根を取引する市場が誕生し、球根の値段はあれよあれよという間に高騰し、世界中の投機の対象になっていったのです。

ところが、翌年にはもうバブルが崩壊し、大変な含み損を抱えた人が続出しました。当時のことですから、このような投機ができる貴族や富裕層たちが、大きな債務を抱えて没落していくことになったのです。


これは十七世紀オランダの例ですが、資本主義の恐慌という意味では、十九世紀の中頃から世界恐慌の形をとるようになり、第一次世界大戦までは、約十年ごとに繰り返し発生しました。

そして、一九二九年には、アメリカに端を発した一大世界恐慌が勃発しました。

これは史上かつてみないほど深刻なもので、「世界大恐慌」（The Great Dipression）と呼ばれます。

この場合も、アメリカでは一九二五年頃から株価が上がり始めて、ほとんど一本調子で上がり抜いてしまい、結果は大変な状況になってしまったのです。

バブルが発生する背景には、色々な理由があります。日本の八〇年代のバブル形成を見ても、例えば野村證券などは、「債権国大相場」ということを声高に言っていました。

つまり、日本が世界一の債権国になったことから、「円高だ」「原油安だ」「財政大幅黒字だ」「債権国大相場だ」と言っていたのです。

そして、東京の埋立地などを取り上げて、「いま土地の値段はこれくらいだ、だからこれだけの含みがある」と言い、Qレシオ（実質株価純資産倍率）というレシオまで持ち出し、大々的な宣伝を繰り広げて、投資家に投機を煽っていたわけです。

銀行も、「それだけ不動産価格が上がっているのだから、それを担保にされてはどうですか」と、証券への投資を推奨したのです。

そのようなことを繰り返していたわけですが、やはりどこかで弾けてしまうのです。

さて、歴史の教えるところでは、こうした大きな投機が起こってバブルが形成され、それが弾けると、相場というものは二十年くらいは回復しません。

一九二九年の世界大恐慌のときは、二十五年ほど回復しませんでした。相場らしい相場というのは全然なかったのです。いわゆるボックスムーブメントで、ちょっと上がったらまた下がるということを繰り返してきたわけです。

日本でも同様のことがずっと続いています。日本の相場がピークをつけたのは株が一九八九年末、不動産が一九九一年です。十年以上経ってもまだ回復しません。やはり過去の経験則どおり、大体二十年はかかるのではないかと思います。

ところで、この二十年という長い時間は、歴史の教えるところとはいえ、その根拠はどこにあるのでしょうか。

私の見るところ、世代交代に一つの大きな原因があると思われます。

つまり、株や土地で大損した、失敗したという記憶を持った世代が二十年くらい経ち、第一線から退く。この世代交代によって、新しい世代が相場というものに新しいアプローチを試みるということです。

ファイナンシャル・ジーニアスと呼ばれるような金融の天才が、新しい理論を生み出して、新しい投資家たちを投機へと駆り立てていくのです。

そして、結局はまた、同じ結果になっていくのです。この繰り返しだと思います。

ただし、一九二九年の世界大恐慌の当時と今日の社会状況は、全く違います。

大恐慌の後は、いわゆるケインズの有効需要政策ということで、マクロ経済学が随分と進化し、経済政策も進化しました。ビルトインスタビライザー（自動調整機能）として失業保険などが組み込まれ、労働組合の制度なども整備されました。この点では、随分と違います。

しかし、バブルの形成と崩壊ということでは変わっていません。

一つの投機の頂点に達したところには、富裕層や一般大衆を含めて皆が参画して、ある狂気を形作っていくということだと思います。

そのような意味では、日本で起こったこともアメリカで起こったことも同じなのです。

ソフトバンクの株価を見ると、最高で十九万八千円まで上がりました。

この背景には、「ソフトバンクはヤフーなどのＩＴ関連企業を皆、傘下に持っているからだ」という考え方があります。

けれども、なぜヤフーがそれほどまでに上がったのかを考えると疑問があります。

日本のヤフーの株は、時価総額一兆円まで上がりましたけれども、結局は下がってしまいました。

「ファンダメンタルズも変わっていないのになぜだ」と思われるかもしれません。

しかし、やはり、ファンダメンタルズも変わっているのです。

例えば、広告がとれなくなるということです。広告だけをビジネスモデルにする会社にとっては、非常に厳しくなりました。ファンダメンタルズは、確かに変化しているのです。

しかし、いずれにしても、株価や相場とは、ファンダメンタルズをほとんど反映せず、上にも下にもオーバーシューティングするものです。

いまは、下にオーバーシューティングしている状況だと思います。

今後もそうした状況が続くと、今度は経済のファンダメンタルズが悪くなり、企業のファンダメンタルズも悪くなります。いまはまさに、そのような状況だと思います。

ですから、繰り返しになりますが、二十年から二十五年は駄目なのです。

これは、十九世紀以降の欧米の歴史が如実に物語っていることなので、そのことを十分に認識しておかなければなりません。

幸いなことに当グループは、ベンチャーファンドを通じて投資していたアメリカ株を相場が崩れる前に売却しました。

当時、アメリカのベンチャー関係者は、「アナリストはもっと高いターゲットプライスを出してくるから、売るな、売るな」と私に言いました。

しかし、私は、いまの相場は明らかに常識から外れていると思っていましたので、「売れるものは全部売ってくれ」と言い、売却していったわけです。

このようなことを判断するときには、いわゆる常識というもの、そして、歴史の教訓というものが、極めて重要な判断材料になります。

よく「過去のことは現在とは全然違う」と言う人がいますが、それは、「歴史は繰り返す」ということを忘れている人の考え方だと思います。

確かに資本主義のあり方は少しずつ変化していますが、資本主義という基本思想と体制の骨格が一貫して同じである以上、経済現象というものは形を変えて繰り返し起こります。

そして、人間の性《さが》というものは、古代人であろうと現代人であろうとも、実は、ほとんど変わらないと思います。悲しいかな人間というものは、欲に駆られて行動することがあります。

特に、周りの人たちが、皆で何か得するような話をしているとなると、「よし自分もしてみよう」と便乗してしまうことが多いのです。

従って、歴史を振り返って考えること。

次に、経済現象や経済情勢を常識ある目で見つめること。

そして、人間というものの本質は何であるかという認識を持つこと。

これらがあってこそ、一つの状況を切り抜けることができるのです。
今回私が、いち早く資産の売却を進めたのも、そうした理由からです。

ところが、意外にも、世間で賢いと言われる人たちが、失敗することもあります。典型的な例を挙げれば、エール大学の経済学者アーヴィング・フィッシャーの例です。彼は、経済学者としてその見識を高く評価されていましたが、世界大恐慌で大損をしてしまったのです。大学の温情でなんとか自己破産をしないで済みましたが、あれほど高名な経済学者でも、常識を逸脱してしまうことがあるのです。

こうしたことを教訓として、私たちは「今日のような厳しい状況が当面は続いていく」という認識を持つ必要があります。そして、「いかにしてこの厳しい状況を生き抜いていくのか」ということを真剣に考えなければならないと思います。

先日、グッドローン（証券化を利用して長期固定金利の住宅ローンを提供する会社）について、テレビ局からの取材を受けました。いま、このグッドローンは、色々なテレビ番組で取り上げられるほどに、非常に注目されています。

なぜかと言えば、小泉内閣が「住宅金融公庫を廃止する」と宣言しているからです。

いま、住宅金融市場の規模は約百九十兆円、そのうち約四二パーセントが住宅金融公庫です。その他は、都市銀行や信用金庫ですが、利用者側からすると、それらの併用という場合もあります。

いずれにしても、現在、住宅金融公庫が持っている約七十六兆円の市場が民間金融に開放されるということですから、当グループにとっては、大きなビジネスチャンスにつながっていくわけです。

しかし、これはグッドローンだけの話ではありません。規制緩和という流れのなかで、どのような企業が大きな利益を上げられるのか。あるいは、どのようなビジネスチャンスが生まれているのかを常に考えておくことが大切です。

また、これだけ厳しい状況ですから、どの会社でも経費節減を考えています。

なかには「もうやるだけやったよ」という会社もあるかもしれませんが、これからどのようにして経費節減につなげていくのか、その新しい経費節減の方策を考える。

それが私たちのビジネスチャンスにつながっていきます。

今後、失業率は五パーセントを超え、ますます悪くなっていくと思います。

不良債権問題も、そう簡単には終わりません。三年で解決するということならば、よほどの荒療治をしないと無理です。七年かかっても難しい。普通にやっていたら、やはり、二十年くらい必要だと思います。

では、こうした状況のなかで、私たちそれぞれがどのようなアクションをとるか。

例えば、五年前にイー・トレード証券というインターネットの証券会社を設立しましたが、その当時、「なぜ、こんなに難しいときに」と思った人がいるかもしれません。

しかし、現在インターネットの証券会社は、五十から六十社ほどあります。アメリカでもそうでしたが、インターネットによって、新しい投資家を開拓しているのです。

過去の投資家は、「もう株はこりごりだ」と思っているかもしれません。

しかし、インターネットに毎日触れて、「これは便利だ、素晴らしい」「この技術は大変なことだ」と思う人たちが、今度はインターネットで証券会社を利用するようになっています。

これは、実際にアメリカで起こったことです。

そして、いま、日本でも実際に起こってきています。

皆さんにもぜひ、いま私が申し上げたことを念頭において、正しい現状認識をしていただきたい。そして、過去というもの、歴史というものをよく勉強して、智恵を身につけていただきたいと思います。偉大な智恵とは、常識に通ずるものです。

智恵を身につけて、どのようにしてこの難局を切り抜けていくのかを、それぞれの方に真剣に考えていただきたいのです。

これからは、経済全体が沈滞していきます。まさにA・H・ハンセンの予言した長期停滞論のような状況になっていきます。

日本が戦後、初めて経験するデフレです。しかも、大デフレだと思います。

終戦のときは、復興という目標がありました。復興では大変な需要が創出されます。実際、昔の景気循環を見ると、大きな景気後退の多くは、戦争によって決着がつけられています。

しかし、これからは戦争というのは期待できませんし、期待すべきでもありません。そうなると、今日の状況は、なかなか決着がつけられません。

小手先だけのことでは、おそらく無理だと思います。

色々なことを申し上げてきましたが、皆さんそれぞれの立場で、これらの話を自分の仕事にどのように役立てれば良いのかを、よく考えていただきたいと思います。

（二〇〇一年九月）

「後発の利」との闘い

中国のWTO加盟にあたって

先日、「聖徳太子　信仰への旅」というテレビ番組を観ました。聖徳太子がテレビ番組の題材として、これほど大きく取り扱われたことは、あまりなかったように思います。

しかし、一方で聖徳太子ほど、時代を超越して日本人に尊敬される歴史上の人物はいないのではないでしょうか。

多くの歴史上の人物は、本人が活躍する一定の時期、すなわち自分が統治している時代には偉人として評価されますが、次の時代に移ると否定されることが多いのです。

しかし、聖徳太子は、本当にいつの時代でも尊敬されているように思います。

例えば、聖徳太子の命日は推古三十年の二月二十二日ですが、その太子の命日には色々なお寺でいまだに供養がなされています。天皇家の皇子、厩戸皇子《うまやどのみこ》であり、天皇家の人間ですから、神道で祭られるのならば分かりますが、仏教でも祭られています。まさに日本中で広く敬愛される指導者だったわけです。

なぜ、聖徳太子はこれほど評価されてきたのでしょうか。

一つには、よく知られているように、「冠位十二階」「十七条憲法」の制定などの様々な偉業があります。

もう一つには、聖徳太子にまつわる様々な伝説があります。

例えば、達磨大師の弟子の生まれ変わりだという伝説や、十人の人間が色々と話したことを全部理解して聞き分けたという神童ぶりです。実際、確かに天才だったようです。

四歳から仏典を読んだ、あるいは一を聞いて十を知るというような話は、全部が全部本当ではないかもしれませんが、大変な天才であったことは間違いないと思います。

ところで、なぜ聖徳太子が冠位十二階を制定したかについて、私流に解釈すれば、次のようなことです。

当時の日本では、物部氏や蘇我氏という豪族たちが、政治的、経済的に重要な地域を支配していました。そして、それら豪族たちの地位は、全て世襲制でした。

一方、聖徳太子がその改革を実現するためには、色々な地域から有能な人材を登用する必要がありました。しかし、世襲の社会では、人材を登用するのは極めて難しいことです。

そこで、冠位十二階という制度を定めたのです。

すなわち、旧い世襲制の大臣位である紫冠を着用し続けた蘇我氏を除き、他は一代で終わりにするというシステムを作ったのです。

そして、別に豪族の生まれでなくても、名門の生まれでなくても、小野妹子のように才能があれば登用されるという社会へと変えていったのです。

また、この十七条憲法は、憲法と呼ばれていますが、国家の基本法のような形態にはなっていません。

よく知られているように、第一条は「和を以って貴しと為し、忤《さから》ふこと無きを宗と為よ」です。第二条は、「篤く三宝を敬え」です。この三宝というのは仏教です。「仏教を敬いなさい」ということです。

この十七条憲法には、様々なことが書かれています。

例えば、当時、非常にはびこっていた「贈収賄」。これを禁止しなさいとあります。あるいは、「勧善懲悪」です。善をすすめ、悪をこらしめなさいとあります。

それ以外には、「信賞必罰」。あるいは、「大事は独断専行で決めてはいけません、相談して決めなさい」「遅刻早退をしてはいけません」というような文面もあります。

このように十七条憲法を読んでみると、一つの道徳的規範、あるいは行動の規範の要素の強いものではないかと思いました。明治維新のときには、「五箇条の御誓文」が発布されましたが、これもどちらかといえば、「新しい政府をつくろう」「国家をつくろう」というスローガンでした。その源流は、十七条憲法にあるのではないかという気がします。そのようなことを思いながら番組を見ていました。

さて、これを翻って企業の視点で捉えてみると、やはり「企業の創業時には、道徳的規範が極めて重要である」という思いを新たにしました。

私は皆さんにぜひ読んでもらいたいと思い、『不変の経営・成長の経営』という本を上梓したわけですけれども、そこには「経営者たるもの、倫理的な価値観をきちんと身につけなければならない」と書いてあります。

そして、これは一企業のみならず、国家においても必要とされるものだと思います。ですから、ぜひ皆さんにはもう一度、本書を読んでいただき、どのような道徳的規範を持つべきか、どのような行動の規範を持つべきかをよく考えていただきたいと思います。

話は変わりますが、週末、中国がＷＴＯに加盟しました。今朝のテレビでは、ＷＴＯ加盟に対する中国側の期待や、中国の国営企業や人民が抱いている不安について論じられていたようです。

中国のＷＴＯ加盟は、約十五年間にわたる様々な議論を経てようやく決まりましたが、これは日本にも、世界にも、大変な影響を与えるのではないかと思います。

ところが、日本における期待と不安、あるいは世界における期待と不安については、テレビや新聞でほとんど論じられていません。本来ならば、このようなことに思いを致す必要があるのではないかと思うのです。

中国という国は、日本の二十数倍の国土と、十三億の民を有する国です。従って、あらゆる産業にとって、その国自体が膨大なマーケットです。

そして既に、貿易額で見れば、輸出額二千五百億ドルで世界第七位の国です。また、世界シェアの貿易額を見ると、輸出で約四パーセント、輸入で約三・二パーセントを有しており、大変な大国になっているのです。

その大国がＷＴＯに加盟すれば、今後三年以内に外資系を含めたあらゆる企業が自由に輸出入できるという、貿易権が付与されることになります。

二〇一〇年には、全工業製品の平均で約一六パーセントの関税率を約九パーセントまで大幅に下げていこうという話もあります。

また、よくご存知のように、その膨大な人口を背景にした中国の人件費は、日本の三十分の一から五十分の一と言われます。

さらに、「後発の利」(Latecomers' advantage) によって、世界最先端の技術やノウハウを一挙に導入しています。彼らは、旧いものに関係なく、最新の技術を導入しているのです。日本でも明治維新がそうでした。手工業から段階的に発展するのではなく、最先端の技術を一挙に導入したのです。

ですから、中国は、決して技術では劣っていません。

皆さんが実際に中国へ行ったら驚かれると思いますけれども、全然劣っていません。そしてまた、中国の人口が日本の十倍だとすれば、日本人の十倍もの優秀な人がいます。極めて優秀な人材がたくさんいるわけです。

この中国が、我々のコンペティターとして登場してきます。かつて日本は、世界の工場と言われましたが、現在では、中国が世界の工場となってきているのです。

もちろん問題なのは技術力ですから、常に日本がより高度な技術で中国を凌駕できるならば良いのです。しかし、その可能性は、極めて低いのではないかと思います。

あと何年かすれば、おそらく中国は世界一の大国になります。

そのとき、これまで日本を支えてきた製造業がいったいどうなっているのかと想像すると、背筋が寒くなるような思いがします。

もちろん中国にとっても、一方で大変な犠牲を払うことは、間違いがありません。生産性の低い非効率な国営企業は、次々と倒産していくでしょう。

しかし、外資はどんどん中国に資本を投入し、最新の技術で進出していきます。

おそらくは、いま中国が持っているものを失うよりも、はるかに大きいものを得ることになるのでしょう。

ぜひ皆さんには、今後の中国に大いに関心を持っていただきたいと思います。

そして、我々がこれから中国でどのような事業を展開するかということを、真剣に考えていただきたいと思います。

（二〇〇一年十一月）

「イノベーター」の精神

さらに厳しい時代を迎えて

新しい年を迎え、一言ご挨拶申し上げます。

少し古めかしい話になりますが、平成十四年は、十干と十二支の組み合わせで言いますと、「壬午《みずのえのうま》」ということになります。

壬という字は「妊」に通じ、「陰きわまりて陽生じ万物懐妊する」ということです。すなわち、陰から陽へと物事を百八十度転換させるという意味があります。

また、午という字は「逆らう」という意味を持っています。そして陰暦で言うと、午は五月にあたり、夏至の季節です。日がどんどん長くなり、夏至を迎えた後、また短くなります。陽から陰へと変わる月。このような意味でも、まさに「壬午」というのは物事が大きく変化する年であると言えます。

例えば、「壬午」の年であった一九四二年は、太平洋戦争の真っ只中です。

それまで日本は、連戦連勝で戦線を拡大していましたが、六月のミッドウェー海戦を境に戦況が一変し、連敗を重ね始めることになったわけです。

そのような意味で、今年は大きな変化があるのではないかと考えると、現在の不景気のなかにも一筋の光明を見出せなくもありません。

と言いますのも、景気の長期低迷の兆しが出始めていた米国において、矢継ぎ早に数次の金利の引き下げや大型減税が実施されたことに加えて、同時多発テロの発生とそれに続くアフガニスタンでの戦争に伴う「ハイテク軍需」の効果もあり、予想外に早く株式相場が回復する可能性があるからです。

一方、日本では長期化する不況のもと、千四百兆円にも及ぶ個人金融資産が行き場を求めており、当グループもここに大きなビジネスチャンスを見出すことができます。

いずれにせよ、昨今の深刻な不況も「壬午」の年を迎えて大きく好転しないものかと願っています。

しかしながら、やはりマクロ経済の情勢には非常に厳しいものがあり、事態は悪くなる一方です。ちょうど八〇年代の米国に似たような状況ではないでしょうか。

現在の日本は、当時のアメリカをジョン・K・ガルブレイスが「不確実性の時代」（The Age of Uncertainty）と称し、ピーター・F・ドラッカーが「乱気流の時代」（Turbulent Times）と表現したような時代に突入しています。

そこで、十年前と現在を経済指標で見比べてみますと、十年前は失業率二パーセント程度と、ほぼ完全雇用と言える状態であったのが、いまは五・五パーセントを超えてしまっています。経済成長率は名目ＧＤＰで、今年度末ではおそらくマイナス二・四パーセント程度になると思われますが、十年前は五パーセントを超えていました。

また、普通国債の発行残高は、十年前の約百七十二兆円から今年度末には約三百八十八兆円まで増加する見通しとなり、消費者物価指数の対前年増減率は、十年前は三・三パーセントであったのが、直近の数値でマイナス〇・八パーセントになるなど、長期的なデフレ状態に入っています。

こうした経済指標は、この十年間、いかに経済環境が悪化してしまったかを如実に物語っているわけです。

このような厳しい時代を迎えて、当グループは次の三つを常に念頭におきながら、事業活動に邁進していかなければならないと考えています。

一つ目は、「革命を起こす」という気構えを持ったイノベーターであり続けることです。そのためには、一定の「理論的支柱」と「歴史観」が必要です。そして、グループ全体がそれらに基づいたビジョンを持ち、共有していくことが必要です。

例えば、毛沢東はマルクス・レーニン主義を理論的支柱とする一方で、中国四千年の歴史観と古典的な教養を併せ持っていました。その理論的支柱と歴史観のもとに、近代中国の建国を成し得たと言えます。

ただし、ただ理論的支柱と歴史観を持つだけでは十分ではありません。革新的なことをやり遂げるという「強い意思」と「勇気」が必要です。

例えば、最近グッドローンを始めとするグループ企業が「金融イノベーター」としての評価を受け始めていますが、強い意思と勇気を持って、さらに強力に革新的な事業に挑戦していきたいと思います。

二つ目は、組織体として「緊張感を持つ」ということです。

緊張感を失った組織は堕落し、必ず衰退していきます。各社のCOOを中心に、常に緊張感を持って業務に励むことが必要です。

三つ目は、「全力を出し切る」ということです。

誰もが朝起きたときに「今日一日、全力を尽くすぞ。I'll do my best」と心に誓う。

そして、夜眠るときに「今日は全力を出し切った。I've done my best」と振り返る。

このように毎日を過ごしていただきたいと思います。

限られた時間のなかで、一人一人が全力を尽くし、人格を形成していくことが大切です。

以上、これら三つの心構えを常に持ち、今年も当グループのさらなる発展に向けて邁進して参りましょう。


（二〇〇二年一月）

「大義名分」と「タイミング」

意思決定の心構え

今日は、三つの話をしたいと思います。

一つ目ですが、当グループのソフトバンク・インベストメント（ベンチャー企業に投資するベンチャーキャピタル事業会社）の東証一部上場が決定いたしました。いままでは未定ということになっていたわけですが、それは次のような理由です。

大証一部などは除きますけれども、新興市場や店頭市場から東証一部や二部に移るということになると、時価総額がいくらで維持されているかが審査基準になります。

東証一部の場合には、値決めの日の終値からさらにディスカウント幅を引いて、時価総額で五百億円以上が維持されていなければならないというルールがありますので、いままで未定ということになっていたのです。

今回、最終値決めのときにディスカウント幅を五パーセントにしたのですが、この調整が終わっても時価総額が五百億円以上あったということで、東証一部上場が決まりました。

ソフトバンク・インベストメントの場合、会社設立は一九九九年の七月八日ですが、通常、東証一部に上場するには三年ルールというものがあります。

つまり、会社設立から三年が経過していなければ上場できないということですけれども、形式上、同社は設立三年以内に一部上場を果たしたということになります。

九五年、九六年にファンドやその運用会社、例えばソフトベンチャーキャピタルやソフトバンクベンチャーズを設立していたため、そうした実績をもとに東証と交渉して、三年以内での上場が認められたのです。

このようにして、めでたく最短での東証一部上場を果たすことができました。

さて、なぜ東証一部に上場したかについて話をしたいと思います。

一つは、やはりナスダックやマザーズという新興市場では、どうしても東証一部に比べると流動性が落ちるからです。例えば、同業者であるジャフコでは、店頭から東証一部に上場して出来高が相当に増えました。やはり流動性、出来高で比べると東証一部は圧倒的だと思いますし、他のいくつもの例でもそれは証明されています。

では、なぜ東証一部が圧倒的になるかと言いますと、その理由の一つは、東証一部上場銘柄ならば機関投資家が買いたいと思えば何の制約もなく買えるということです。

ナスダックやマザーズのような新興市場ですと、機関投資家のなかには投資対象の制約のため、買えないところがあります。もしくは、買えたとしても制限を設けていることがあります。従って、機関投資家のニーズに十分に応えられなかったのです。

また、株主に対し、できる限りの流動性を提供するということは、非常に大事なことです。やはりこれが最大の理由になると思います。

さらに申し上げておきますと、「ソフトバンクグループというと、どの会社もナスダックに公開しているけれども、何か特別に配慮されているのではないか」という意見を聞いたことがあります。

そのようななかで、ソフトバンク・インベストメントが、ナスダックに公開してからわずか一年と数ヶ月で東証一部に上場したとなると、「ナスダック銘柄にも良質な銘柄がある」「特にソフトバンクグループには良質なものがある」ということを世間に知ってもらえるかもしれません。

また、東証一部の厳正な資格審査を通過できるということを世に示すのも大事です。

しかし、一方で、当グループの会社は、これからもナスダックに公開していくと思いますし、投資先の会社にも次々と公開してほしいと思います。

ベンチャーキャピタル事業を展開するソフトバンク・インベストメントにとっては、ナスダックのような新興市場ができたこと、またナスダックの話がきっかけとなってマザーズが動き出し、さらに店頭市場も活性化されたということは、非常に良かったと思います。

新興市場の登場によって、年に数十もの会社が、しかも極めて短期間で公開できるようになったわけですから、大きな追い風になったと言えます。

なお、店頭から一部に上場することを「直一」と言いますが、ソフトバンクは直一をした最初の会社です。一方、今回のソフトバンク・インベストメントは、ナスダックから直一をした最初の会社ということになります。

以上が、一つ目の報告事項です。

二つ目は、先日の役員会で承認されたことですが、これからは当グループで当期利益が三億円以上の会社は、利益の一パーセントを社会福祉法人などに寄付することを決定しました。

美術品のオークションを手がけるアートフォリオという会社では、さっそく先日行った美術品の即売会の利益のうち一パーセントを都内の児童社会福祉法人に寄付しました。

そこでは四十数名の子供たちが暮らしているそうですが、冬に向かうにつれてマフラーや手袋やソックスなどが欲しいと言っているという話を理事長さんたちから聞きまして、その寄付金でそういったものを子供たちに買ってもらいました。

そうしますと、その後、子供たち一人一人がマフラーや手袋を身につけた写真を送ってきてくれました。さらにまた、色紙に寄せ書きをして「ありがとう」というメッセージを送ってきてくれました。

その子供たちの多くは、よく新聞紙上で話題になっているいわゆる虐待児たちです。自分の親から虐待を受けた子供たちなのです。しかし、そのような境遇にあったにもかかわらず、皆、孤児院で立派に明るい笑顔をして生きています。

私自身、非常に熱く胸に感じるものがありまして、やはり企業というものは、利益を上げ、税金を払い、あるいは雇用を拡大していくといったことも立派な社会貢献であり存在意義だと思う一方で、そのような恵まれない人たちに対し、直接的に手を差し伸べることも大事ではないかと感じました。

そこで先日、三億円の利益を上げている会社については社会福祉法人などに寄付をするという方針を決めたわけです。当グループにそのような企業を増やして、社会福祉法人に色々なものを寄付できるようにしたいと思います。

もちろん各社それぞれに役員会があり、その承認を得なければならないわけですが、私はこのソフトバンク・ファイナンスグループの良き伝統の一つとして、こうした考え方を受け継いでいただきたいと切に願います。

三つ目は、大義名分とタイミングについて話をしたいと思います。

田中真紀子さんの更迭後、小泉改革に何か動きが出てくるのではないかと、色々なことが言われています。

現に株式市場もそれを受けて下がっており、為替も安くなる、債券も安くなるという「トリプル安」と呼ばれる状況になっています。

小泉さんの支持率も随分下がりました。かつて七〇パーセント以上あった支持率も、あっという間に四〇パーセント台になりました。正直に言えば、田中真紀子さんがそこまでの影響力を持っているとは、私も思っていませんでした。

そこで、小泉人気の根底にあるものはいったい何だったのかと考えてみました。

一つ目は、やはり官僚体制と言いますか、長い間の政治のあり方に対する国民の「もういいかげんにしてください」という怒りがあったのだろうと思います。

二つ目は、この日本経済の閉塞感において、何かをやれる人間はいないのかということです。そして、そのなかで構造改革の旗を打ち立て、「改革なくして成長なし」と提唱したところに、国民の共感や人気が集まったのだろうと思います。

また、こうした小泉人気の根底に流れる大きなトレンドに田中真紀子さんの人気が重なっていたのだろうと思うのです。

しかしながら、一国の宰相や企業のトップには、大義名分とタイミングというものが非常に大事だということを、今回の更迭騒動を見てつくづく思いました。

今回、田中真紀子さんを更迭することに大義があったかと言えば、なかったのではないかと私は思います。今回の件だけで更迭するのは、少し無理があったのではないでしょうか。

ピースウィンズ・ジャパンの大西健丞代表の証言などによると、鈴木宗男氏が陰に陽に様々な圧力をかけていたようですから、江戸時代のような「喧嘩両成敗が当たり前」というやり方は、通用しなかったのではないかと思うのです。

そして、首相が自ら任命した大臣を更迭するならば、それなりの大義名分があるべきです。今回の件は、その大義名分にあたらないと思います。

もし更迭するならば、例えば、アメリカとの機密事項などを漏洩したことのほうが、はるかに大きな理由となります。国家の機密事項を漏洩する外務大臣には問題がありますし、「アメリカ政府が怒ったのだ」という理由も成立します。

このようなときならば、大義名分があったと言えるのだと思います。

しかし、今回のことはそうではありません。やはり、大義名分とタイミングというのは非常に大事だと思いました。

私自身、毎日、色々な意思決定をしています。また、皆さんもそれぞれの立場でされていると思います。

そのようなときには、大義名分とタイミングというものも十分に考慮していただきたいと思います。

（二〇〇二年二月）

「大きな経済」と「小さな経済」

アジアが成長する背景

あっという間に一月、二月と終わってしまいました。

昔から一月、二月、三月は、「往ぬ」「逃げる」「去る」で早いと言われますけれども、営業日数が非常に短いので成果を出すのがなかなか大変です。

ところで、準大手建設会社の佐藤工業が倒産することになりました。子会社を含め五千六百億円の負債総額だそうです。三月中はまだ大丈夫ではないかと私は思っていたのですが、結局倒産してしまいました。政府はいま、必死になって対策を練っているのだろうと思います。

政府は三月までは、この間の総合デフレ対策で何とかしようとしていますが、この対策の内容は、いわゆるＰＫＯ、プライス・キーピング・オペレーションです。

公的資金を投入して、特に外資系に注文を出すことで外国人による買いが入ったように見せかけて株価を上げる、あるいは空売り規制などをしています。

このような株価対策によって何とか三月までは乗り切ろうとしていますが、私は四月から本格的に倒産が増えると見ています。金融機関でも、どこかが破綻していくと思います。

そして、その破綻は、おそらくコール市場に現れるのだろうと思います。三洋証券のときも、インターバンク市場、とりわけコール市場から破綻の話が出ましたが、まずインターバンク市場に兆候が現れるのではないでしょうか。

そのような意味で、四月、五月は、いよいよ厳しい状況に入っていくのではないかと思っています。

ところで、この経済危機になると、私が思い出すのは九七年のタイの状況です。九七年の七月だったと思いますが、あのとき、外国為替市場で外国の投機家が一挙にタイのバーツを売却したのです。

タイ政府も最初は、一生懸命にそれに対抗して買い支えをしていました。しかし、さすがに長くは続けられず、お手上げになってしまったのです。

そして、一挙にバーツの相場が崩れてしまい、大暴落したのです。それから半年間くらいで確か四割くらいバーツは暴落しました。

また、それだけではなく、株式相場も債券市場も大暴落して、いわゆるトリプル安になってしまったわけです。株式市場は、半年くらいの間に五割以上も暴落しました。

そして、タイに起こったこの経済危機は、さらに東アジア全域に飛び火していくことになってしまったのです。東アジアの諸国でも、トリプル安が起こりました。

九八年のＧＤＰを見ると、確かタイが前年比八パーセントくらいのマイナスです。それから韓国が六パーセントくらいのマイナス、マレーシアも六パーセントくらいのマイナスだったと思います。インドネシアに至っては、一四パーセントくらいのマイナスでした。いま、日本の実質のＧＤＰが「マイナス一パーセントになる」「マイナス一・五パーセントになる」と、色々な意見が言われていますが、当時の東アジア諸国の状況は、その程度ではなかったわけです。

ところが、最近、韓国を訪れたときに韓国の財界人や財経部（日本の財務省にあたる）の人などに話を聞くと、もう様変わりの状況になっているのです。韓国の経済は非常に良いのです。土地の値段が上昇して、不動産市況は大変な活況です。株もコスダックという新興市場はまだですが、いわゆるメインの韓国証券取引所は活況を呈しています。

銀行の業績も良い。ソフトバンクがファンドを通じて間接的に保有している韓国第一銀行（コリア・ファースト・バンク）も業績が非常に良いのです。九八年当時には破綻の危機にあった銀行ですら良くなっています。

また、企業のほうも非常に活況を取り戻しています。特に、サムソングループが良いです。半導体のサムソン電子などは、その際たるものでしょう。

経済危機の当時は、ＩＭＦから大変な資金援助を受けており、「いったい韓国経済はどうなってしまうのか」という状況だったにもかかわらず、急回復しているのです。

一方、日本はどうかと言えば、九〇年からずっと今日のような状況で、むしろこれから本格的な経済危機を迎えるのではないかという状況です。

経済危機から数年しか経っていないにもかかわらず、なぜ、韓国経済はこれほど早く回復したのか。これは、韓国のみならず、先ほど申し上げた東アジアの諸国もそうです。

私が出した結論は、要するに経済規模が小さいということです。韓国の経済規模は、日本全体の十分の一程度です。そして、小さいものは回復するのが早い、回復させるのも比較的容易だということなのです。

逆に、大きいところは大変です。ですから、日本のような世界第二位の経済大国は、なかなか回復できません。

しかも大きな経済は非常に複雑です。シンプルでスモールというのは、このような場合には良いのだと思います。そして、シンプルでスモールということは、ある意味では、非常に事業を起こしやすいということだと思います。

従って、韓国では相当な事業を展開できるのではないか、そして、いまはそのチャンスではないかと思っています。韓国には、これから積極的に進出していきたいと考えていますし、着々とその布石を打っています。

また、韓国は、インターネットでは日本に比べてはるかに進んでいます。例えば、証券の売買の委託取引を見ると、全注文の金額ベースでは、もう八割以上がネットで取引されています。このような状況ですので、実は、進出する方法もなかなか難しいのが現状です。

ヤフーコリアもなかなか成功しません。韓国で一番にはなれないのです。現在でも韓国のローカルなポータルサイトが圧倒的にナンバーワンの地位にあります。

ですから、そうそう容易なマーケットではありません。

自分たちだけで事業を起こそうという考え方は、持たないほうが良いと思います。

韓国に良いローカルパートナーを見つけ、うまく連携しながら利益を得る方法を考えていくべきだと思います。

皆さんも、それぞれの会社で何かアイデアがあれば、どんどんメールを送っていただきたいと思います。

ところで、逆に大きいところと言えば、色々な点で非常に大きいのが中国です。中国は、国土で日本の二十五倍、人口で十倍という大きな国です。

これまで私は、「中国が日本に取って代わって世界の工場になる」と言い続けてきましたが、実は、もう一つ確信を持てないことがあります。

私のように経済や経済史をある程度専門に勉強した人間にとって、中国には、近代資本主義という目から見ると非常に不足しているものがあるのです。

近代資本主義のまさに根底要素という部分、「私的所有権」が欠けているのです。

中国では、私的所有権が認められていません。現在では認められているかのように言われていますが、実際には様々な制約があり、また法制度が変われば簡単になくなってしまうような状況です。

では、近代資本主義体制における私的所有権とはいったい何か。

一つ目は、これは経済学者だけではなく法学者も言っていることですが、私的所有権とは、その所有物に対する「絶対的な支配権」です。すなわち、所有者が所有物に対していかなる行為も、いかなる経済行為も為し得るということです。

これが近代資本主義における私的所有のまず一つの特徴です。

二つ目は、「抽象性」と言われるものです。つまり、観念的に、論理的にその存在や内容を決められるということです。

具体的には、ある人が、自分の所有していない家に住んでいることを考えてみれば分かりやすいと思います。この場合では、「オキュペイション」(住んでいること)と「ポゼッション」(所有していること)が分離しているということ。これが私的所有権の持つ抽象性の意味です。

いま申し上げたような二つの特徴が、近代資本主義というものを発芽させ、発育させ、そして発展させてきたと、私は考えています。

ところが中国という国を見ると、近代的な意味における所有権の確立どころか、確保さえもが十分になされていないのです。

従って、もしかするとある時点で、かつてソ連や東欧の共産圏が経験したような「崩壊」が起こり、そのうえで真の経済大国になるのではないかという予感があります。

このような理由で、これまで私は中国に挑戦できなかったのです。

確かに、市場は大きく、おそらく世界の工場になるだろうと思いながら、所有権が確保されていない体制というものに本当の発展があるのかと考えてしまうのです。日本ですら、まだある意味では所有の抽象性については、欧米に比べるとはっきりしていない部分がたくさんあります。

欧米は、絶対性や抽象性という点について非常に分かりやすく、明確に規定されています。ですから、まさに資本主義というものがこれらの国で起こり、発展してきたのだろうと思います。そのような意味では、日本もまだ、見よう見まねのところがあります。

このような理由から、おそらく中国が真の経済大国になるには、まだ長い歳月がかかるのではないかと思っています。この点に関しては、皆さんにも色々な意見があると思いますので、ぜひ聞かせていただきたいと思います。

（二〇〇二年三月）

「経営者の器」とは何か

松下哲学に学ぶ

週末に、『松下幸之助の哲学』という本を読みました。

松下幸之助さんが亡くなられて久しいわけですから、この本は、おそらく『ＰＨＰのことば』を再編集したものだと思います。

今回は哲学ということで、自然や宇宙から始まり、人間、人生、社会、政治というような項目で松下幸之助さんの言葉が色々と書いてあり、それに編集者自身の主観が書いてあるという構成でした。

私は、学生時代からずっと、松下幸之助さんの本は大概読んでいましたが、改めて松下さんは偉大な人だと思いました。

経営活動を通じて思索を重ねて、そして松下哲学をつくるということになったわけですが、やはり素晴らしい人だと、改めて深く感動しながら読んだわけです。

そして、翻って自分自身を省みると、何ともお粗末だと思いました。

日々、「相手を打ち負かそう」「必勝だ」と、そのようなことばかり言っているのです。

考えてみると、いままでの私の事業戦略は、競争戦略そのものでした。

その競争戦略とは、マイケル・ポーター以来、ある意味で二十世紀の経営学の主流になっている考え方です。

それを私自身が消化して、私流のやり方の経営戦略というものを、この日本の風土に合うように創り上げて、それに複雑系の考え方などを取り入れました。

しかし、この本を読んで、「いかにして相手を駆逐するか」「いかにして仕組みの差別化をするか」ということばかりを考え抜いてきた自分が馬鹿に思えてきたのです。

松下幸之助さんは、そのような次元を超越して、消費者、生産者というものを原点から見つめ直し、「どうすれば社会というのは繁栄するのだろうか」「どうすれば人間というのは幸せになれるのだろうか」を考え抜いてきた人なのだろうと思いました。

私の場合は、まだそのステージに達しておらず、相手を駆逐することばかり考えていました。

己の小ささというものを身にしみて感じたというのが、私の偽らざる心境です。

では、そうやって反省したならばどうするのかと言いますと、私の経営に対する考え方は、必ずしも、ずっとこれで続けようと思っていたわけではありません。

どこかの時点で私自身の経営を変えなければならないと、実は、当グループを創設する以前から考えていたわけです。

例えば、私が『不変の経営・成長の経営』という本を上梓したとき、ある意味で多くの読者は、「北尾さんのイメージ、経営のイメージとまるで違う」と思われたのではないでしょうか。しかし、私自身は、あの本に書いてある経営というものに対する考え方が、実は私の本当の姿だと思っています。そうでなければ、本にはできません。

けれども、会社というものは、勝ち抜いていかなければ、やはりどこかで敗れてしまい、皆さんが路頭に迷う、就職口がなくなる、ということになってしまいます。

当グループで数多くの会社の経営を預かる私としては、まずは確実に勝っていけるようなところにまで会社を持っていかなければならない責任があるのです。

ところで、皆さんは、四半期毎に日経新聞に対談のような形で出している我が社の全面広告を読まれたと思います。先日の最終回では、その表題を「わが戦略に自信あり」にしました。それは、戦略としては絶対に勝てるところまで達したと思ったからです。

そして、これからは、先ほど申し上げたように、当グループを変えていかなければならないと思っています。

松下幸之助さん自身、実は激しい競争を展開してきた人ですけれども、世の中で松下さんを悪く言う人はいません。

いまだに松下さんは、経営の神様として尊敬されています。これは大変なことです。

そして、松下政経塾を卒業した政治家たちが多数、国会議員として活躍しています。

そのようなことを考えると、私自身も何人かの方々とお付き合いさせていただいていますけれども、松下さんの残した財産というのは、「競争で勝った」「松下電器産業が大きくなった」という次元ではありません。それを超えているのです。

私は、松下さんほどの度量、経営者としての器を持った人間ではありませんが、少なくとも、これからのソフトバンク・ファイナンスグループは、企業文化を変えていかなければならない、そのような時期が訪れていると思います。

私自身は今度、父親の戒名から「慈徳院」と名づけた社会福祉法人を埼玉県に設立しようと思っています。そして、両親に虐待されたような子供たちを五十名くらい受け入れられるような施設をつくろうとしています。

この週末も、ある社会福祉法人で暮らしている五十名くらいの子供たちをホテルに招待し、思う存分にバイキングを食べてもらいました。

このような活動をしますと、何か下心があってやっているのかと思う人もいるかもしれませんが、決してそのような下心はありません。

純粋に世の中に貢献したい、という気持ちで行っています。

さて、最後になりますが、いよいよ四月一日からいわゆるペイオフが始まる予定です。

先日、あるアンケート調査を見ると、「富裕層の七〇パーセントが、ペイオフにあたり自分の資産の預け方を考え直したいと思っている」とありました。

これは言ってみれば、これからは「資金の大移動」が起こってくるということです。

いまの顕著な動きを挙げると、一つには「定期預金から普通預金」というように、決済性の預金へと移っていく動きがあります。

もう一つは、一千万円以内で「いくつかの銀行に分けよう」という動きです。

しかし、本来ならば、この程度の動きではないはずです。

これだけ金利が低いわけですから、当然他にも「ミドルリスク、ミドルリターンのものを探そう」というように、色々なニーズが出てきます。そのようなニーズをぜひ考えていただきたいと思います。

つまり、これからペイオフをきっかけにに生まれてくるニーズを予知して、どのような金融商品を用意したらお客様に喜んでもらえるのかを考えてビジネスをするということです。

一九七三年だと思いますが、原油価格が四倍に高騰したのをきっかけに、世界中の富がOPECの国々に集まり、それをどのようにして還流させるかということが、世界の金融機関の大きな課題になったことがあります。

いま、まさに日本という金融大国でも、新しい「資金の大移動」が起ころうとしているわけですから、そこでどのようなビジネスチャンスを掴むかということに、ありとあらゆる智恵を働かせるべきです。

ありきたりの商品では駄目です。革新的な、革命的なことをするのです。

過去の金融機関の歴史を見てみますと、例えば、シティバンクが最初に「定期預金証書」を創りましたが、非常に革新的な商品になりました。

また、「ＲＥＩＴ」（不動産投資信託）が成長したのも、ＵＰＲＥＩＴ（不動産をパートナーシップを通じて保有する仕組み）が生まれたからです。このＵＰＲＥＩＴも金融機関の一人の人間が考えたものです。

野村證券は、「中期国債」を商品化することで大きく預かり資産を伸ばし、今日の発展の大きな礎を築きました。

このように、一つの商品が金融機関を変えています。

ですから、皆さんには、それぞれの職場でそのような智恵を絞っていただきたい。

既にソフトバンク・インベストメントやイー・トレードが、ＲＥＩＴなどに取り組んでいますが、ぜひ真剣に考えていただきたいと思います。

（二〇〇二年四月）

企業の発展を支えるもの

透徹した使命感

今日は三つの話をしたいと思います。

一つ目ですが、先日ある人と話をしていたら、「北尾さんは、よく『ありがとう』と言いますね」という話題になりました。

そうかなと思って考えてみると、確かにある時期から「ありがとう」「ご苦労さん」という この二つの言葉を自らできるだけ言うように心がけています。

私の父親は、七十歳を過ぎてからだと思いますが、色々な人に「ありがとう」「ご苦労さん」という言葉を随分と言うようになりました。

父は八十歳で亡くなったのですけれども、亡くなる前からその回数がどんどん増えているように思いました。これは、私にとっては非常に印象的なことでした。

そのようなこともあって、周りの人に「ありがとう」「ご苦労さん」とよく言うのですが、こうして感謝の気持ちを素直に伝えると、本当の意味で色々なことをやってくれた人の労をねぎらう気持ちも深くなります。

皆さんにもぜひ、周りの人に「ありがとう」「ご苦労さん」と声をかけることを心がけていただきたいと思います。

私は父親を見ていて、そのことを強く意識したときから、自分もできるだけ言うべきだろうと思い、その数を年齢とともに少しずつ増やしています。

二つ目は、ソフトバンクの赤字決算のことです。

連休前、ソフトバンクが八百九十億円のマイナスになるということを発表しました。後日正式な決算発表がありますが、単体が大幅な減額修正になることから、そのような発表をしたわけです。

経営の一翼を担うものとして、これは大いに反省をしなければならないと思います。多くの株主の期待を裏切り、従業員の期待を裏切り、このような状況に陥っているということに対する反省と責任は、非常に重く受け止めています。

では、何がこの八百九十億円のマイナスの原因なのかを考えると、非常に基本的なことが間違っていたと思います。いったいこのソフトバンクという会社は、何をする会社だったのか、ということです。おそらく会社の原点を踏み外しているのです。

言葉を換えれば、規律がなかったということです。これが最大の要因だったのではないかと私は思います。

皆さんのなかに、『失敗の本質』という本を読まれた人がいるかもしれません。読んでいない人がいたら、色々なことで参考になる本だと思いますから、ぜひ読んでいただきたいと思います。私たちは神様ではないですから、誰でも失敗はするのです。ですから、ある意味では、失敗することは仕方がないのですが、問題は、そこから何を掴み取り、将来につなげるかということです。

ソフトバンクは、私たち経営幹部の全員が大いに反省し、何が問題だったのかを考えてみる必要があります。

私の見るところでは、問題の根本は、投資に対する規律にあったように思います。ソフトバンクは、本当は何をやる会社なのか、何をやっていくべき会社なのか。あるいは、あおぞら銀行に投資したことは本当に良かったのか。ナスダック・ジャパンはどうだったのか。

これらは、ベンチャーキャピタル事業には良いことだったと思いますし、ある意味では、日本という国にとっても非常に良いことだったかもしれません。しかし、一企業の繁栄にとってどうだったのかということも考えてみる必要があるように思います。

当グループも、色々な形で事業を展開していますが、それぞれに規律の乱れがないかどうかをもう一度チェックしなければならないと思います。

私は、「金融を核に金融を超える」と言ってきましたが、規律のない多角化を推し進めて失敗する例は、枚挙に暇がありません。

そのようなことをもう一度、色々な角度から反省をして、将来につなげたいと考えています。

三つ目ですが、皆さんは、『貞観政要』という本を読んだことがあるでしょうか。

私は二度ほど読みましたが、なかなか難解な本でした。

これは中国の本ですが、唐の太宗という非常に有名な皇帝が亡くなって五十年ほど後に書かれたものです。

太宗が帝位についてから亡くなるまでの六二六年から六四九年は、国が良く統治された時代で、「貞観の治」と言われます。

日本には当然ながら大陸文化がどんどん入ってきていましたから、この『貞観政要』という本については、西暦八〇〇年くらい、平安時代が始まってしばらくの頃に入ってきたと言われます。

この本のなかに、「草創と守文いずれが難き」という有名な問いかけがあります。実は、十八史略に「創業と守成いずれが難き」という同様の問いかけがありますが、こちらのほうが有名かもしれません。

いずれにしても、草創と守文、すなわち国を興すということと、その国を維持発展させるということではどちらが難しいのか、という質問です。

そして、それに対して、色々な例を挙げながら答えていくわけです。

この本は、昔はいわゆる帝王学の書、リーダー学の書として、平安時代から長い間、読まれてきたのですが、いまはほとんど読む人がいない、忘れられた本です。

過去、この本をよく勉強した人物として、徳川家康、源頼朝、北条政子などの名前が挙げられます。この本から、長く国を発展させ、維持していくにはどうしたらよいのかという要諦を学び取ったから、徳川幕府二百八十年があり、鎌倉幕府百四十年があったのだと思います。

しかし、この本の真髄をよく掴み取ろうとすると、なかなか大変です。

翻って、当グループについて考えてみると、これまでは、良きにつけ悪しきにつけ私の強い個性でグループを創ってきました。そして一応、今日では形をなしてきました。

従って、これから当グループをどのように発展させるかということが問われるわけですが、この『貞観政要』を読んでみて、「草創」するのも「守文」するのも、「創業」するのも「守成」するのも、どちらも大変だと思います。

しかし、この二つは違った能力を要することであり、どちらかに力点をおいて、その能力を使わなければならないのだと思います。

私が創ってきたこのソフトバンク・ファイナンスグループ、これを企業として長きにわたり、さらに発展させていくことを考えると、二、三年経って私がこのグループを去ったとき、皆さんがどのようにしてこのグループをより発展させていくかが重要です。

私は、私より優秀な人がこのグループのなかにたくさんいると思っています。また、「後生恐るべし」という言葉がありますが、そのようなものだと信じています。

しかし、ただ優秀なだけでは駄目です。情熱を持っていなければ駄目です。それも、単なる私利私欲ではなく、「この会社を発展させるのだ」という情熱です。

そして、その裏には「透徹した使命感」が必要です。

「事業を通じて社会のために貢献するのだ」という使命感を持って、能力を発揮していただきたいのです。

最後になりますが、過去、幾多の企業の変遷を見ると、カリスマ性の強いリーダーが倒れたときにどうするかは、大きなテーマです。

例えば、ソフトバンクならば、孫さんが倒れたときにどうするのか。

「北尾さんが引き継いでくれ」と言われても、私には孫さんの代わりはできません。ソフトバンクは彼の個性の故に創られたグループなのです。

また、では、孫さんがソフトバンク・ファイナンスグループを経営できるかといえば、これも不可能なことです。

当グループを維持発展させていくのは、やはり当グループで育った人たちなのです。

私は、グループを創ったときから、自らがポストを去るときを考えています。

そのなかでも一番大事なことは人を育てることです。

従って、私は非常に早い時期から若い人たちにも経営に参加してもらい、経営を実践する機会を与えてきたはずです。

ほとんどのことに私は口を出さない、数字で見るだけです。

定例会議のときには、おかしいと思うことは「おかしい」と言うけれども、可能な限り多くのことは任せてきました。

経営の基本は、業務のなかで随分と身につけられたのではないかと思います。

そして、人物を育てるために講話も始めました。

私は『不変の経営・成長の経営』に書いたように、「会社の成長を決めるのは、経営者の器である」と思っています。会社というものは、経営者の器に従って成長していくのです。

では、器というものは、形がいったん決まったら変わらないのかと言えば、変わるのです。人間の器はどんどん大きくすることができます。

しかし、そのためには自らを鍛えていくしか方法がないのです。

いまCOOとして会社を経営している人、これからCOO、あるいは役員になろうとする人。それぞれに皆、より高いところからより広い視野で、より多くのことを見なければならない状況になります。

従って、当グループ全体を、そしてさらには日本、世界を見ることができるような人物になるように自らを鍛えていくことをぜひお願いしたいと思います。

しかし、先ほど申し上げましたように、いくら優秀でも、情熱と透徹した使命感がない人は、やはりリーダーには向きません。

リーダーは私利私欲を捨て、情熱と透徹した使命感を持って組織を引っ張っていくべきです。

私は、当グループには、皆さんが自己研鑽をするための場が、どこの会社よりも与えられていると思います。

ですから、皆さんには、大いに自らを鍛えていただきたいのです。

（二〇〇二年五月）

世界経済の枠組みが変わるとき

ドル安、ユーロ高が起こる要因

ようやくワールドカップが終わりましたが、この一ヶ月間は、本当に寝不足になってしまいました。試合がある度に頭も興奮して、遅くまで寝られなかったのです。

日本代表が残っていたときには、久しぶりにナショナリズムの昂揚と言いますか、日本という国が老若男女を問わず一つになって同じベクトルで動いていることを感じて、これは良いことだと思いました。

しかし、韓国と比べると随分な温度差がありました。そしてまた昨日、ブラジル対ドイツの試合を見ていると、もうブラジル国民かと思うような日本人も数多くいました。

九九年八月だったと思いますが、小渕内閣のときに、国旗と国歌を法制化するということで、激しい議論が行われていましたけれども、このようなときに国旗も国歌も必要ないという人はどのようにして応援するのだろうかと思いました。

そのようなわけで、今回のワールドカップでは、改めてナショナリズムとは何なのかということを考えさせられました。

それはさておき、「円が強くなる、ユーロが強くなる」、逆に言えば「ドルが非常に弱くなる」ということが、急激に進み出しました。

なぜこのような状況が起こっているのだろうかと考えてみました。

一つには、先日の同時多発テロ以降、アラブの資金が急速にアメリカから離れ始めたということがあります。

もう一つは、やはりエンロンの問題から端を発した「アメリカ企業はもう本当は信用できないのではないか」という不安だと思います。

エンロンの問題は、ＳＥＣのルールの隙間を抜けたようなものだったと思います。

つまり、「第三者が特定目的会社（ＳＰＣ）の資産の三％以上を出資していれば連結対象外にする」というルールをうまく利用して、二千八百社ものペーパーカンパニーをつくっていたのです。

そして、株価が上がっているときは、それがキャッシュアウトとして働き、株価が下がりだしたら、どうにもならない破綻への道を歩まざるを得なくなったわけです。

その次には、ワールドコムの事件です。まさにこれは粉飾決算です。三十八億ドルという巨額の資金の粉飾決算です。

しかも、ワールドコムは、二百億ドル、日本円にして二兆四千億円ものグローバル債を発行していたのです。エンロン債ではＭＭＦで随分と日本の金融機関も痛手を被りました。そして結局は、金融機関だけはでなく、最終投資家が痛手を被ったわけです。

アメリカは、会計制度がきちんとしている国だと世界中の人たちが思っていました。それがあのような事件が起こり、信認を失うことになってしまった。

しかも、両社とも監査法人が、世界五大監査法人の一つなのです。アンダーセンというのは、非常に信頼性の高いところだと私自身も認識していたのですが、今回のようなことになってしまいました。

そうなれば、他の有名企業にも何かあるのではないかと、次から次へと名前が挙がります。これまでアナリストたちは、アメリカの会計制度を信用していたからこそ推奨し、その推奨に応じて投資家も買っていました。

しかし、「もうとてもではないがアメリカ株は買えない」ということで、アメリカから資金の逃避が始まっているということです。これが二つ目の理由だと思います。

また、アメリカの制度のなかには、これはおかしいのではないかと思うことがあります。

それは、証券会社が「アンダーライティング」（引受業務）と「ブローカレッジ」（委託売買業務）の両方を行っているということです。つまり、アンダーライティングを成功させるために、アナリストが好意的なレポートを書き、うまく引受額を消化できるような状況にしているのではないかということです。

これは日本でもよく言われていた、証券会社がアナリストをアンダーライティングとブローカレッジの両方で都合よく使い分けるような現象です。

しかし、アメリカでは、そのようなことが制度として存在しています。

今回のエンロンについても、あのアンダーセンが、監査とコンサルティングの両方を担当しています。これも本来ならば、利益相反になることが往々にしてあるわけです。

このような矛盾が、株価が下がる、つまりバブルが崩壊するなかで、顕在化してきたのだろうと思います。やはり矛盾を抱えたままで出発すると、どこかで無理が出てくるということなのだと思います。

三つ目は、これが最大の理由だと思うのですが、ドルのシングル基軸通貨という体制が、そろそろ終焉を告げつつあるのではないかということです。

昨今のユーロの状況を見ていると、ユーロがまさに第二の基軸通貨として誕生してくる気配を感じます。もう「パックス・アメリカーナ」（米国支配による世界秩序）の時代は、終わりに近づいてきたのではないかと思います。

従って、今度、英国がユーロに加盟するかどうかが重要です。いま、ポンドは安くなっています。ユーロに加盟すればポンドが割安に評価されるということで、下がっているわけです。逆にデンマークのクローネは強くなっています。

経済統合の完成したヨーロッパが大変な力を持った地域になることは、間違いがないと思います。

マルクスではありませんが、経済構造というのは最も下部構造にあり、その上に政治などの色々なものが積み上がっていくわけですから、経済統合がなされる意味というのは、通貨にも大きな影響を与えると思います。

一方、アメリカは、大変な借金国です。それも純負債が二兆ドルを超える世界最大の借金国です。それでも、これまで何とかやってくることができた唯一の理由は、ドルが基軸通貨であったということです。世界全体の貿易量が増えているという理由でドルを印刷できたわけです。いくらでもドルを印刷すれば、それで良かったのです。

それがドルの国際流動性を高めることにもなりますので、必要ともされていました。しかし、これは最初から矛盾を抱えています。ケインズは、最初からそのことを指摘していました。けれども、このような状況になると、ドルはだんだんと弱くなる可能性があります。しかもこの現象は、アメリカのマクロ経済がそれほど弱くないにもかかわらず進行しています。だからこそ、基軸通貨としての地位が揺らぎ始めているのではないかと思います。

本来ならば、アメリカに次ぐ第二の経済大国としての日本が、その地位に代わらなければならないのに、第三の基軸通貨としての役割さえも担えないような状況です。

いま、円は強くなっていますけれども、日本経済は全くのごまかしです。

先送りのなかで、経済が一時的に底を打ったかのように見えますが、まだまだおかしな状況であると私は分析しています。

私はいま申し上げたような三つの理由で、アメリカを中心とした世界経済の枠組みが、大きく変わる可能性が出てきたと思います。

こうした大きな流れを的確に掴んで、ぜひビジネスに活かしていただきたいと思います。

（二〇〇二年七月）

デフレ社会における戦略観

経済を見る目を養う

今日は二つの話をしたいと思います。

まず、相場は十九年来の安さという状況になってきていますが、竹中大臣が金融相を兼務することが決定してから、その下げが一層強くなってきました。

このような現象をどのようにとらえるかと言うと、私流に解釈すれば、「マーケットはデフレスパイラルを恐れている」ということです。

私もずっと経済学を勉強しましたけれども、いま振り返ってみても、マクロ経済学の教科書でデフレについて詳述しているものは、ほとんどありませんでした。

欧米の教科書でも同じです。私は欧米の教科書も随分と読みましたけれども、デフレについてはほとんど書かれていませんでした。

つまり、我々の時代、戦後一貫して続いてきたのは、インフレの世界だったのです。

どのようにしてインフレに立ち向かうか、インフレの処方箋は何なのかと、このようなことをずっと研究してきました。新聞やテレビで話題になるときもそうでした。

「ディマンド・プル」のインフレ、あるいは「コスト・プッシュ」のインフレなど、インフレに関する議論を繰り返してきたわけです。

ところが、いまの日本の状況を見れば、八九年末に株式市場が天井をつけ、九一年に不動産市場が天井をつけてからは、株価も不動産価格も一貫して下がってきています。

いわゆる「資産デフレ状況」になっているわけです。

また、消費者物価の上昇率でも、消費税導入と消費税率の引き上げを考慮すると、九八年からずっと物価は下落しています。

デフレについては、IMFの定義が国際的な定義だと言われますが、「一般物価の持続的、少なくとも二年以上にわたる下落」ということになっています。

この観点からすると、日本経済は完全なデフレ状態に入ってきていると言えます。

ただし、デフレであらゆる物がすべて値下がりするのならば、これは別に問題ありません。実体経済にニュートラルということになります。

ところが、下がらないものがあります。名目賃金と名目金利は下がらないのです。

例えば、皆さんにこう言ったらどう思われるでしょうか。

「物価が一〇パーセント下落したから、今度の給料を一〇パーセント下げます」。もう大反対するでしょう。組合がある会社では、さらに激しい反対があると思います。ですから、名目賃金は、いわゆる下方硬直性があると言われているわけです。

一方、金利はどうかと言いますと、例えば、いまのような名目ゼロですと、物価が一〇パーセント下がれば実質金利は一〇パーセント増なのです。名目金利がゼロパーセントになって物価が下がっていくということは、実質金利はその分だけの金利になるということです。

金利というものはゼロ以下にはなりません。ゼロまでなのです。

マイナス金利の例を挙げると、昔、一時期は「スイスのプライベートバンクに預けたら金利を取ります」ということがありました。しかし、そのようなきわめて例外的な状況を除いて、金利というものは、マイナスにはなりません。

従って、物価がどんどん下落していくと、実質金利はどんどん上がっていきます。

そして、名目賃金が下がらない、下方硬直性があるとなれば、今度は実質賃金が上がっていくということになります。

このように実質賃金が上がると、企業収益は圧迫されます。企業収益が圧迫されると株価が下がります。

そして、このようなフローのデフレが、今度はストックのデフレへと変わっていきます。どんどんネガティブに影響していくのです。

あるいは、実質賃金が上がっているのに名目賃金を下げることができないとなれば、企業のごく当たり前な自衛手段として雇用をカットしていくことになります。

雇用をカットすれば、当然のことながら、消費が減少していきます。そして、消費が減少すればデフレギャップが拡大し、有効需要がそれだけ減ります。

デフレスパイラルとは、このようなことです。

デフレには、「ストックのデフレ」と「フローのデフレ」という二種類があります。

この二つのデフレが、お互いに圧力を強めていく現象というのが、いままさに日本に起こっていることです。

そして、「この状況は、いっそう強まるだろう」というマーケットの判断から、どんどん株価が下がる状況になるわけです。株価が下がれば、ますますストックのデフレが浸透していき、そしてそれがまたフローのデフレに影響を与えていく。

このようなメカニズムになっています。ですから、相場は安いのです。

このような状況下では、早くこのデフレ状況の本質を理解して、どう立ち向かうかを考えなければなりません。

デフレの本質とは、名目賃金と名目金利に下方硬直性があるということです。

ですから、デフレの本質をよく掴んで、今後我々の顧客にはどのような変化が起こるのか、顧客はどのように対応していくのか。あるいは、法人企業はどのように対応していくのか。

このようなことを分析し、吟味する。それによって活路を見出していくことが必要だろうと思います。

残念ながら、小泉さんが総理になってからは、時価総額が大幅に下がっています。ここ数年を見ていると、小渕さんのときだけは上がっていました。

なぜ、「改革、改革」と言う総理になってから、時価総額が上がらないのでしょうか。

私流に経済の状況を見ると、「デフレ下にあっては、改革がかえって逆効果になる」ということなのです。

すなわち、デフレ下にあっては、まずデフレを直す手立てをすべきなのです。

「改革、改革」と叫んで、「郵政三事業をどうする」「道路公団をどうする」という議論をしたところで、果たして有効需要が増えるでしょうか。デフレスパイラルが止まるのでしょうか。

答えは否です。

金融の不良債権問題はもちろん解決しなければなりませんが、それを行うためには、相当なデフレ阻止のための政策を総合対策として打ち出す必要があります。

それが、小泉政権に打ち出せるのか。どのようにして有効需要を創出するような政策を打ち出していくのか。あるいはデフレやインフレというのは、主として貨幣の量に関わる問題ですから、貨幣の量をどのようにして増やしていくのか。

そのような政策を総合的に行う。すなわち、自民党全部を動かし、野党も含めて全政党を動かしていくような体制をとらなければならないのです。

また、このような状況下では、経済学者もデフレについて色々な意見を述べています。

例えば、中国を始めとする新興勢力が物価を下落させるような財やサービスを提供するようになっており、それを日本はどんどん輸入している。そして、その象徴がユニクロだと言われます。「輸入インフレ」という言葉がありますが、これは「輸入デフレ」だと言うのです。

しかし、デフレとは、中国から輸入している野菜の価格などという問題ではないと私は思います。デフレというのは一般物価水準です。これが二年以上にわたって持続的に減少していくというのがデフレなのです。

ですから、輸入デフレの議論は、あまり意味のないことだと私は思います。

色々な人たちが色々な議論をしていますけれども、ぜひ皆さんには「自分で正しく経済を見る目」を養っていただきたいと思います。経済を見る目を養う、つまりマクロ経済をある程度自分で分析できるということが、今後ミクロの世界の会社を経営するうえでも非常に大事なことになると思います。

ですから、このマクロの世界というものをよく勉強して、戦後経験したことのないデフレスパイラル現象を伴っている不況にどのように対応していくかを考えていただきたいのです。

これから先は、失業率がますます上がります。これからです。

いま「五パーセントになった」「五・四パーセントになった」と騒がれていますけれども、それどころではない状況がやってきます。

世界大恐慌のときはどうだったかと言えば、当時のアメリカでは一八パーセント、二〇パーセントという失業率が当たり前だったわけです。

そこまではいかないにしても、五、六パーセントでは済まない話だと思います。

また、これからは大型倒産が起こります。

銀行が不良債権を精査すると、A銀行ではこの分類になっているけれども、B銀行では不良債権になっているということが明らかになります。銀行間で整合していない部分を整合させていくと、軒並み倒産ということが起こってきます。

その結果、そこで雇われていた従業員をどこで吸収するのかという問題も生じます。

おそらく、しばらくは株式市場もまだまだ安くなると思います。

アメリカの市場がどうなったかということに関係なく、日本の問題として、このデフレスパイラルを断ち切らなければ、どんどん泥沼にはまっていくということです。

そのようなことで、顧客を絞り込み、顧客にどのような低廉なサービスを提供して、顧客数、マーケットシェアを確実に拡大できるかを考えていく必要があります。

また、これからは当グループにおいても経費の削減、これに断固立ち向かっていかなければなりません。相当な痛みを伴うかもしれませんが、これも致し方ないと決断しています。

さて、あまり暗い話ばかりをしていても仕方ないので、一つ明るい話をしましょう。

「ヤフー！ＢＢ」の新規加入者数が、順調に伸びています。一ヶ月に三十万件といういまの調子でいけば、来年の三月末までには二百万を大きく超える見込みです。

なぜこのように伸びるかと言うと、十二Ｍｂｐｓ、大容量、高スピードといううえに、「安い」ということなのです。この安いというのが、最も消費者が求めていることなのです。デフレの時代では、特にそうです。消費者の「価格感応度」が、ますます高くなっているわけです。

ですから、他社よりも少しでも安くしていく。あるいは、あの会社はまだ値段を下げる可能性があるということを伝えていく。

これがその会社に顧客が集まることにつながります。

さらに今後は、インセンティブとして電話代もあります。

ヤフー！ＢＢは、そのバックボーンのアプリケーションとしてＢＢフォンをつければ、電話代が大幅に安くできるのです。これまたデフレ時代にぴったりです。

この「電話代が安い」ということは、事前事後で比較してみるとよく分かります。

三分の一、二分の一という水準で電話代が安くなるのです。

ですから、今後はどんどん雪崩を打ったようにＢＢフォンの利用が進展していくと思います。

このように、ソフトバンクグループが、乾坤一擲の事業として行っているブロードバンド事業は、いまの状況で見る限り、大きく成功していく可能性が強いと思います。

しかし、先ほども申し上げましたように、我々は、このデフレに立ち向かっていくために、ありとあらゆることを考えていかなければなりません。

さらにシビアに色々なことをしなければならないのです。

各企業のCOOはもちろんのこと、全役職員がこの問題についてよく議論をして、対処していただきたいと思います。

（二〇〇二年十月）

「人生の計」を立てる

人間を磨くための方法

年が明けたとはいうものの、今年もマクロ経済の動向は依然として厳しい状態にあります。現政権下におけるデフレスパイラルからの脱却は困難であり、景気の低迷はまだまだ続くのではないかと、私は考えております。

株式市場における干支にちなんだ格言としても、昔から「未辛抱《ひつじしんぼう》」と言われます。他に「辰巳《たつみ》天井」「午《うま》尻下がり」などがありますけれども、確かに去年は尻下がりの推移をしていました。

また、十干と照らし合わせてみると、今年は「癸《みずのと》の未」ということになります。「癸」には「仕掛けのときをじっと待つ」という意味、「未」には「繁る」という意味がありますす。いまの日本経済の状況に置き換えると、不良債権処理などの問題が片付かずに「繁っている」状態と言うこともできるでしょう。

戦後の未年は過去四回あり、うち三回は国際情勢が大変不安定な年でした。

六七年は第三次中東戦争の真っ只中であり、七九年は旧ソ連のアフガン侵攻でした。九一年はいわゆる湾岸戦争の勃発と、いずれの年も国際情勢は大変緊迫していました。

今年も対イラク攻撃に向けてアメリカが着々と準備を進めており、さらに北朝鮮をめぐる緊迫感も強まっています。

やはり国際情勢の不安定な未年になるように思えます。

さて、このようなマクロ経済の状況下にありますけれども、ソフトバンクグループには大きな光明が見出せます。

それはグループの中核事業であるブロードバンド事業が非常に順調に進捗しているということです。

当面の最優先課題である新規顧客の獲得については、このペースでいけば三月末までに顧客獲得インセンティブを支払わない場合の損益分岐点である、二百万ユーザーを突破する見込みです。そのような意味では、世の中が沈滞しているなかでも、当グループはむしろ明るい状況にあると言えます。

ところで、正月にあたり一年の計を立てている方も多いと思います。

私は、このグループの中核を担っている、三十五歳から四十歳代の社員の皆さんに「人生の計」を立てていただきたいと思っています。その理由は三つあります。

一つ目は、「人生は二度ない」ということです。

これは誰もが分かっている真理ですが、多くの人たちはそのことを忘れてしまっているように思います。

これから一年間をかけて人生の計を練り上げていくなかで、自分の頭にそのことがはっきりしていれば、これからの人生は大きく変わっていくのではないかと思います。

二つ目は、人生の賞味期限は三十年程度だと思うからです。

本当に真剣に活動して、深い人生を送ろうとすると、せいぜい三十年が精一杯です。

また、もし三十年も深みのある人生を送れたならば、最後には「俺もよくやった」と満足できるのではないかという気がするのです。

「平均寿命が延びているのに、三十年ということはないでしょう」と言う人がいるかもしれませんが、「長さ」ではなく「深さ」が大事だと私は思います。

例えば、大著『正法眼蔵』で知られる曹洞宗の道元は、「某《それがし》は座禅を三十年あまり組んだに過ぎない」とはっきり言っています。

道元は、座禅を組むこと三十余年にして、曹洞禅の不滅の大道を日本の歴史の上に築き上げました。三十年にわたって禅を組み続け、人生の意義に徹したわけです。

三十年間、人生の意義に徹するということは、並大抵のことではありません。

孔子の「三十にして立つ」という言葉のように、立志が三十歳の時であるならば、六十歳までの三十年間ということでちょうど良いのではないでしょうか。

三つ目は、孔子の言葉によれば「四十にして惑わず」と言われていることです。

人間はその器の程度の差はあれ、大体四十歳になれば落ち着いてくるものです。

五経の『礼記』には、「四十を強と曰う。而して仕う」という言葉があります。

これは、四十歳になって、本当の意味で社会に貢献するような仕事ができる年齢になるということです。

「十有五にして学に志す」後の期間というのは準備期間なのです。

ここにいる皆さんは、そのような意味で人生の大事な時期に差しかかっていると言えます。

宋の時代に、人生に「五計」ありと言って実践した、朱新仲という人がいます。

五計の一つは「生計」で、これはどのようにして健康に生きていくかということです。

次に社会での処世術である「身計」、それから結婚して子供をもち家庭を築く「家計」、そしてどのようにして年を取っていくかという「老計」があり、最後はいかに死すべきかという「死計」です。このようなことが大切なのではないかと私は思います。


充実した人生を送るためには、毎日毎日を充実させなければならないわけです。

それなくしては、人生の計による方向性があったところで、良い方向に向かうはずがありません。日々を充実して生き切ることが、深みのある人生を送るための唯一の秘訣であると私は考えます。


四書の『大学』のなかに「湯の盤の銘に曰く、苟に日に新たにして、日日に新たに、又日に新たなり」という一節があります。

これは、殷の湯王が、洗面するときの盤の底に彫らせ、毎朝顔を洗うたびにそれをみて自らを戒めたことに由来する言葉ですが、一日一日と常に進歩し続けるべく精進することが大切だということです。

お互い日々精進し、仕事でも、家庭でも、真剣に生きるなかで自然と成果がついてくるのだと思います。

そして、この厳しい時代には、人間の「個」が磨かれなければ、難局を乗り切ることは難しいのではないかと思います。

各々「人生の計」を立て、そしてお互いに日々精進して参りましょう。

（二〇〇三年一月）

「活学」を得る

東洋の智恵と日本の精神

今日は二つの話をしたいと思います。

まず、二月末までに全ての会社の移転が終わり、皆さんが一ヶ所に集まりましたが、今回移転を決めたのは、グループの相乗効果をより高め、強化するためです。

全役職員が、非常に近くに集まったことをぜひ活かしていただきたいと思います。

例えば、毎日「挨拶」をしていることも、コミュニケーションの第一歩です。

私がケンブリッジ大学に留学していたとき、朝、学生同士は皆「Good Morning」と声をかけあうのですが、庭で同じ世代の庭師が働いているのを見かけても、声をかけませんでした。

私は、奇異な現象だと思って「Good Morning」と声をかけると、向こうもにっこりと笑って挨拶を返してくれました。

しかし、他の英国人の学生たちは、誰も声をかけません。やはり英国は階級社会だと思ったものです。

皆さんには、この挨拶をする習慣を大切にしていただきたいと思います。誰でもそのようにしてコミュニケーションのきっかけが生まれると、他の話をするときでも、話しかけやすくなります。それがグループの結束にもつながります。

さて、最近の時事問題で気がついたことを話したいと思います。

先週末も、イラク問題が論争の焦点になっていましたが、そのなかで一つ気になる議論がありました。

それは、核を開発しようとしている北朝鮮との緊張が高まっているなかで、「国際社会のイラク問題への反応がどうであれ、日本はアメリカにつくべきだ。将来、北朝鮮との間に問題が起こったときに、フランスやドイツは何ら助けてくれないだろう」という見解です。

これは、アメリカだけが頼りになる存在で、アメリカを怒らせてはいけないという議論です。

この話を聞き、私は福沢諭吉さんの『学問のすゝめ』の一節を思い出しました。

「独立の気力なき者は必ず人に依頼す、人に依頼する者は必ず人を恐る、人を恐るものは必ず人に諛《へつら》ふものなり」という一節です。

もし福沢さんが生きておられたら、いまの状況を嘆かれるだろうと思います。

よくご存知のように、戦後、日本の安全は日米安全保障条約のもとに、アメリカの「核の傘」の下で守られるという状態がずっと続いています。

従って、「もしアメリカがイラクを攻撃するということになれば、日本はアメリカを支持しなければならない。そうでなければアメリカは日本を守ってくれない」と言われます。

しかし、当然ながら日本は独立国です。その独立国が、国際社会の大多数が反対する戦争であるにもかかわらず、そのような理由でアメリカを支持しなければならないと言うならば、これははたして独立国と言えるでしょうか。

国家の独立とは、その国家に属する国民の自由な意思で、国家の行動が選択され、決定される状態ではないかと思うのです。

私はそのような状態こそが「独立国」と解釈しています。しかし、振り返って、現在の日本を見ると、残念ながら、そのような状態になっていないのです。

新聞社の調査では、国民の七八パーセントはこの戦争に反対しているようです。

また、イラクは「十二年間、国連の決議を守っていない」「大量破壊兵器を造り続け、隠し持っている」と言われるわけですけれども、ではなぜ十二年間も放っておかれたのでしょうか。

前回イラクがクウェートを攻撃したとき、あのときにアメリカがフセイン政権崩壊までイラクを攻撃したならば、おそらく国際社会は全てアメリカに同調したと思います。

しかし、あれから十二年も経ち、特にイラク情勢が危機的な状況にあるとは多くの人が認識していない状況下で、「なぜ戦争をしなければならないのか」というのが、一般的な世論だろうと思います。

単に「アメリカに守ってもらっているから、アメリカを怒らすわけにはいかないから支持するのだ」ということでは、独立国家として甚だ疑問であります。

『老子』には、「不争の徳」、つまり争わない徳という言葉があります。

とにかく何でも戦おうという姿勢は良くないということです。

あるいは、「兵は不祥の器にして、君子の器に非ず、已むことを得ずして之を用ふ。恬淡なるを上と為し、勝ちて美とせず」という言葉もあります。

本当にやむを得ないときにしか兵は使ってはいけませんという意味です。

さらに、『孫子の兵法』にも、「百戦百勝は、善の善なるものに非ず。戦わずして人の兵を屈するは善の善なるものなり」という言葉があります。

要するに、戦わずして勝つということです。そのような努力を最大限にしなければならないと私は思います。

かつて漢の武帝は、「今日は東に、明日は西に」ということで兵力を動員して戦争を続けました。その結果、国の財政は戦費で破綻をきたし、国は崩壊しました。

後世の歴史家は、この漢の武帝のことを「窮兵黷武《きゅうへいとくぶ》」、つまり「兵を窮めて武を黷《けが》す」と言っています。

ブッシュ大統領があまりに力に頼りすぎ、軍事力ですべてを解決しようという姿勢を貫くと、世界中の世論の反対を招きます。

そして、後世の史家から、「武を黷した」と言われ、ひいてはアメリカの国際社会における指導者としての地位を落としていくような結果になるのではないかと思います。

今回、もしも「フランス、ドイツ、ロシア、中国」と「アメリカ、イギリス、日本」という二つに分かれ、国際連合の決議を経ずして、あるいは決議で反対になったにもかかわらず、イラクを攻撃するようなことになれば、国際連合の権威が完全に失墜する重大な結果になります。

そのような意味でも、国際社会の指導者たるアメリカには、慎重に行動してもらわなければならないのです。

また、パレスチナとイスラエルの問題は、長年にわたって続いていますが、結局、報復が報復を生むという結果がますますエスカレートしています。

これに対しても、『老子』に「恨みに報いるに徳をもってす」という言葉があります。

かつて日中戦争で、日本が中国と戦ったとき、日本が敗戦したわけですけれども、そのとき、いままで形勢が不利にあり虐げられていた中国軍が、日本軍に対して略奪や暴行を加え出しました。そのような状況下で、蒋介石の右腕と言われた何応欽という中国軍の総司令官は、全軍に「恨みに報いるに徳をもってす」と発令したと言います。

そして、その結果、略奪や暴行が収まったという過去があります。

日本もこのことを恩義に感じ、歴史を知る人は、蒋介石の台湾政府に対して、その経済発展に対しても惜しみなく援助をしたわけです。

いま、この世界で起こっている紛争に対し、あるいはそこまで大きなことではなくても、企業間の交渉や紛争を解決する手段として、東洋の哲理や哲学には様々な智恵があると思います。

私も色々な本を読み、それを消化して、「活学」として自分の生き方や会社の経営の仕方に活かしています。皆さんも、東洋の智恵を封建社会の遺物だと思わずに、ぜひその智恵を吸収して、活かしていただきたいと思います。

戦後、アメリカ軍の占領下におかれ、その間の六年間、日本人はこれまで受け継いできた古来からの精神を全て捨てさせられました。

結果として、戦後の教育で育った人間には、日本人古来の精神が失われています。

しかし、この日本人古来の精神こそが、明治維新を完璧な、世界でも類例のないような革命に終わらせ、またその後の一貫した経済発展を支えてきたのです。

日本の精神は、日本古来の「神道」「仏教」「儒学」の三つが、うまく融合されて創り上げられてきた精神です。

しかし、残念ながら、戦後教育を受けた人たちと話してみても、そこには一本筋の通った精神がないことが多いのです。

そのような一本貫くような精神がないために、いまのような経済状況になったときに、いつまで経っても問題を解決できないのではないでしょうか。

精神の果たす役割とは、極めて大きなものがあるのです。

当グループは、金融界において大きな革命を果たそうと志しています。

従って、そういった精神を育成していくことが非常に大切なことです。

皆さんには、ぜひ古典に親しみ、日本古来からの精神を探求していただきたいと思います。専門知識や業務知識、あるいはその他の雑学的な知識は、ほとんどといってよいほど、一朝ことが起こったときには役に立ちません。

知識を超えて、胆識を持ち、そして明明知を持つこと。

これを心がけ、大いに精進していただきたいと思います。


（二〇〇三年三月）

〈著者略歴〉

北尾　吉孝（きたお　よしたか）

1951年、兵庫県生まれ。74年、慶應義塾大学経済学部卒業。同年、野村證券入社。78年、英国ケンブリッジ大学経済学部卒業。92年、野村證券事業法人三部長。95年、孫正義社長の招聘によりソフトバンクに入社。現在、ソフトバンク・ファイナンス代表取締役CEO、他20社の代表取締役を兼務する。主な著書に『「価値創造」の経営』『E－ファイナンスの挑戦』『E－ファイナンスの挑戦Ⅱ』（以上、東洋経済新報社）、『不変の経営・成長の経営』（PHP研究所）などがある。

人物をつくる

真の経営者に求められるもの

2003年5月12日　第1版第1刷発行
2005年6月3日　第1版第6刷発行

著　者　北尾吉孝
発行者　江口克彦
発行所　PHP研究所
東京本部　〒102-8331　千代田区三番町3番地10
ビジネス出版部　☎03-3239-6257
普及一部　☎03-3239-6233
京都本部　〒601-8411　京都市南区西九条北ノ内町11
PHP INTERFACE　http：//www.php.co.jp/
DTP　有限会社プロスト
印刷所　凸版印刷株式会社
製本所

ISBN4-569-62844-3

PHPの本

稲盛和夫の哲学

人は何のために生きるのか

稲盛和夫　著

道端の石ころさえも宇宙にとって存在する意味がある。——一代で世界企業を興した著者が、深い洞察と思索から導き出した「人生観」の集大成。

PHPの本

ドラッカーの実践経営哲学

ビジネスの基本がすべてわかる！

望月護　著

ドラッカー教授の著作は数多い。そのなかから、二十一世紀ビジネスのヒントをつかめるようなテーマをまとめ、わかりやすく解説した。

堀紘一の実践経営学講義

強い会社はこうしてつくれ！

堀 紘一 著

ライバル他社と同じことをやっていて厳しい競争に勝てるわけがない。日本有数の経営コンサルタントが語る「二十一世紀に生き残る企業」の条件とは？

PHPの本

トラブルに巻き込まれないための
「コンプライアンス」の基本がわかる本

浜辺陽一郎　著

不祥事を未然に防ぎ、社内にコンプライアンス（法律遵守）の意識を浸透させる方法を、みずほ、雪印などの事件を踏まえ解説する。

PHPの本

ロジカルシンキングのノウハウ・ドゥハウ

野口吉昭編・HRインスティチュート　著

いまやビジネスマンにとって必要不可欠のスキルとなった論理的思考法。その鍛え方から会議やプレゼンでの活用法までをわかりやすく解説。